本书是上海市浦东新区区级重点课题"绿色伴行，健康成长—发展内涵发掘与养成研究"成果

绿色伴行，健康成长

——幼儿绿色生活方式行为素养养成研究

主　编

赵　燕

编　委

赵　燕　　袁佳懿　　冯维娜　　王晓敏

金梦迪　　瞿旎卉　　孙佳燕　　陆　剑

杜晓玮　　沈思涵　　张琳凤　　佘　宁

王琛夏　　李　磊　　郑　倩　　郁静娴

目　录

第一篇　幼儿绿色生活方式养成教育研究   1

绿色生活方式中幼儿发展内涵发掘与养成研究   3

第二篇　幼儿绿色生活方式养成教育实践研究   89

幼儿绿色生活方式行为素养养成教育中家庭教育面临的问题
　与家园合作新图景   91

幼儿绿色生活方式行为素养养成教育研究的进展与现状   113

开启玩具创新玩法，培养幼儿的节俭习惯   119

幼儿园一日生活中幼儿节俭习惯养成的实践研究   132

利用小班幼儿自带水壶养成良好自主饮水习惯的实践研究   141

在游戏中培养幼儿规则意识的研究   146

巧用移情法培养幼儿礼貌行为的研究   152

中班美术活动中利用废旧材料进行创作表现的研究   158

绿色生活背景下数学绘本对幼儿探究能力发展的影响   165

追求绿色生活，养成节俭意识的个案研究   169

活动案例 　　　　　　　　　　　　　　　　　　　　　　177

不一样的"食育"，不一样的绿色生活 　　　　　　　　　177

"旧衣服去哪儿了？"的案例设计与指导 　　　　　　　181

"旧衣服能干什么呢？"开展"旧衣回收"专题活动的实践 　　　183

家庭中指导家长利用废旧材料开展幼儿美术教育的研究 　　188

小班幼儿良好喝水习惯培养初探 　　　　　　　　　　190

绿色生活方式的养成教育从洗手开始 　　　　　　　　193

"小"生活里的大成长 　　　　　　　　　　　　　　　195

第三篇　幼儿绿色生活方式养成教育专题活动 　　199

特色月活动 　　　　　　　　　　　　　　　　　　201

"动手植绿，享受快乐"爱绿月活动方案（3月） 　　　　201

"关爱你我他"关爱月活动方案（4月） 　　　　　　　　203

"安全我知道"安全月活动方案（5月） 　　　　　　　　205

"爱护环境，从我做起"环境月活动方案（6月） 　　　　207

"行走的力量"绿色出行月活动方案（9月） 　　　　　　209

"感恩你我，真情成长"感恩月活动方案（10月） 　　　211

"我运动，我快乐"运动月活动方案（11月） 　　　　　213

"小小的梦想，大大的未来"梦想月活动方案（12月） 　　215

特色教案 　　　　　　　　　　　　　　　　　　　217

小鸡捉虫（亲自然） 　　　　　　　　　　　　　　　217

秋天的色彩（亲自然） 　　　　　　　　　　　　　　219

小黄鸡和小黑鸡（有礼貌） 　　　　　　　　　　　　221

谁敢嘲笑狮子（有礼貌） 　　　　　　　　　　　　　224

鲜花送老师（有礼貌） 　　　　　　　　　　　　　　226

饭菜香喷喷（能节俭） 　　　　　　　　　　　　　　229

旧衣服的旅程（能节俭）　231

怕浪费婆婆（能节俭）　233

让路给小鸭子（守规则）　235

小熊乘飞机（守规则）　237

让谁先吃好呢（守规则）　239

一起收玩具（会合作）　242

放烟花（会合作）　244

会变的天气：雨从哪里来（会合作）　246

水果皮里的秘密（爱探究）　248

鸡蛋的秘密（爱探究）　250

想牵手的影子（爱探究）　252

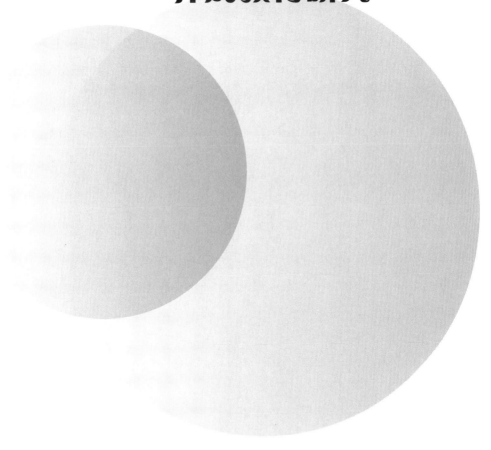

01 第一篇 幼儿绿色生活方式养成教育研究

绿色生活方式中幼儿发展内涵发掘与养成研究

上海浦东新区恒宇幼儿园　赵燕　袁佳懿　冯维娜　沈思涵　王晓敏　崔云
王琛夏　孙佳燕　瞿旎卉　张韶敏　陆俭　李磊

一、研究背景

（一）幼儿绿色生活方式养成教育成为我园园本特色课程

2010 年，举世瞩目的世博会在上海顺利召开。在积极创建上海市浦东新区绿色学校的过程中，我园逐渐确立了"基于后世博文化幼儿绿色生活方式养成教育的行动研究"的课题研究方向。2011 年 10 月，我园"基于后世博文化幼儿绿色生活方式养成教育的行动研究"被列为上海市浦东新区区级课题，同年 11 月又被列为上海市市级规划课题。

在帮助幼儿于生命早期建立健康生活方式的愿景下，我园依照"使幼儿获得有关衣、食、住、行四方面知识和技能，具有初步的关爱生命、关注绿色健康的意识和行为，成为生活习惯良好、生活态度积极、生活品质高雅的新一代儿童"的目标，重点从衣、食、住、行四个方面对幼儿进行了绿色生活方式养成教育。历经数年的实践和探索，我园的课题研究取得了较为显著的效果，促进了幼儿衣、食、住、行四方面健康生活意识、行为与态度的积极变化，初步建立了"幼儿绿色生活方式养成教育"的园本特色课程框架。

（二）幼儿绿色生活方式养成教育课程建设需逐步完善

通过对前期"幼儿绿色生活方式养成教育"课程建构的实践反思，我园清晰地认识到，虽然我们在幼儿绿色生活方式养成教育的目标、内容、途径、形式、策略和方法等方面形成了一定的认识与经验，同时在幼儿绿色生活方式养成上也取得了切实的成效，但是，对于绿色生活方式养成教育的丰富内涵来说，我园的幼儿绿色生活方式养成教育还有所局限，原因在于：

1. 对绿色生活方式中的幼儿发展内涵缺乏深入理解

前期，我园幼儿绿色生活方式养成教育主要围绕衣、食、住、行四个方面相关的知识技能与行为习惯养成展开，幼儿绿色生活方式养成教育的目标、内容、途径、形式、策略和方法等也基本着重于这四个方面来设计与实施。

应该说，衣、食、住、行四方面具体的生活方式知识技能与行为习惯养成对幼儿健康成长非常必要，且对幼儿未来一生长远发展也多有裨益，但从另一方面讲，如果我们仅仅满足于此，那是很不够的，因为只是使幼儿获得有关衣、食、住、行四方面知识技能与行为习惯，还不能实现培养"具有初步的关爱生命、关注绿色健康的意识和行为，成为生活习惯良好、生活态度积极、生活品质高雅的新一代儿童"的目标。对幼儿进行绿色生活方式养成教育，我们不仅需要关注幼儿良好的生活行为习惯，更要注重幼儿内在相应的行为素养的培养，要将幼儿绿色生活方式养成与其基本行为素养培养结合起来。只有这样，幼儿绿色生活方式养成才会更加自觉与有效，所形成的绿色生活方式才会更稳定和持久。

基于此，在前期研究实践的基础上，我们有必要梳理幼儿绿色生活方式发展内涵，在更高层次上开展幼儿绿色生活方式养成教育。

2. 幼儿绿色生活方式养成教育的途径较为狭窄

由于将幼儿绿色生活方式养成教育主要定位于生活方式知识技能与行为习惯养成，因而，我园前期幼儿绿色生活方式养成教育基本是通过各种生活活动及其他相关环保性教育活动进行的。而对照《上海市学前教育纲要》内容要求，幼儿的学习活动、游戏活动、运动活动也都包含着丰富的绿色生活方式养成内容，所以，学习活动、游戏活动、运动活动也是幼儿开展幼儿绿色生活方式养成教育的重要途径，幼儿的绿色生活方式养成教育有必要融入幼儿园一日各项活动。因此，幼儿绿色生活方式养成教育需要通过更日常、更广泛的途径来开展。

（三）绿色生活方式养成教育需进一步转型与提升

通过对我园前期开展的幼儿绿色生活方式养成教育的总结与反思，我们认为，在前期研究实践成效的基础上，幼儿绿色生活方式养成教育有必要进一步转型与提升。

首先，需要更加全面地认识绿色生活方式养成教育对促进幼儿发展的价值和意义，全面深入地把握绿色生活方式的丰富内涵，从注重生活方式知识技能与行为习惯的养成，转变为注重幼儿绿色生活方式知识技能、行为习惯与行为素养的培养。

其次，在开展绿色生活方式养成教育中，需要更好地关注儿童，关注每个幼儿内在的特点和差异。幼儿不是被动的参与者、执行者，而是主动的建构者、创造者。通过绿色生活方式养成教育，塑造幼儿良好的个性，让其懂得积极奉献社会。

二、研究价值

（一）符合当前学前教育改革发展的要求

2012 年 10 月教育部正式颁布的《3—6 岁儿童学习与发展指南》，以及上海市颁布的《上海市学前教育纲要》（2005）和《上海市学前教育课程指南（试行）》（2001）中都提出了可持续发展的教育目标。例如，"初步了解并遵守共同生活所必需的规则，体验并认识人与人相互关爱与协作的重要和快乐""初步形成文明卫生的生活态度和习惯，独立自信地做力所能及的事，有初步责任感""亲近自然，接触社会，初步了解人与环境的依存关系，有认识和探索的兴趣"。可见，幼儿绿色生活方式养成教育符合当今教育改革要培养适应终身发展和社会发展需要的必备品格和关键能力的要求。

（二）顺应了世界教育发展的潮流与要求

随着社会经济的发展，人类的生产能力不断提高，规模不断扩大，致使许多自然资源被过度利用，生态环境日益恶化。面对全球日益严重的环境问题，国际上达成了共识：通过宣传和教育，提高人们的环境意识，是保护和改善环境重要的治本措施。

后世博文化倡导城市发展绿色环保的理念，倡导城市应是整洁的、现代的、有序地、文明的、美丽的，能够让人健康生活和焕发生命活力的绿色城市。我们的教育应教会孩子准备好如何面对今天和将来的挑战，教导他们在社会、经济和环境方面都能以一种可持续的方式来生活。

因此，在幼儿期开展绿色生活方式养成教育，能够引导幼儿变得健康、和谐、自主、阳光，并能焕发勃勃的生机和生命活力，这也是现代社会对人发展的要求。

三、概念界定

（一）绿色生活方式

绿色生活方式是指不同的个人、社会群体在一定的社会条件和价值观念的制约和指导下所形成的健康、安全、科学、自然的活动形式与行为特征。幼儿绿色生活方式是指幼儿时期所形成的绿色生活方式，具体讲，是指幼儿形成具有绿色生活方式特征的生活行为与习惯。

（二）养成

"养成"一词有两层含义：一是指培养习惯的教育，在此意义上，幼儿绿色生活方式养成教育特指培养幼儿形成自然、环保、节俭、健康的生活习惯的教育；二是指培养习惯所运用的特殊方法。所谓特殊方法是指通过教育引发、指导，促使幼儿形成的规范行为，而后，再通过各种教育影响和反复实践练习，使这一规范行为不断固化。

四、研究思路与框架

本课题的研究内容是：探寻如何有效培养与提升幼儿绿色生活方式行为素养的研究。本课题研究思路与框架如下。

（一）分析与梳理现状及问题

1. 确定与界定课题的核心概念，如"绿色生活方式""养成"的概念。

2. 在核心概念界定后，接着对绿色生活方式行为素养进行阐释与梳理，提出与建构绿色生活方式行为素养的内容框架。

3. 根据所确定的绿色生活方式行为素养的内容框架，分析明确我园当前幼儿绿色生活方式行为素养教育中存在的问题与不足。

（二）提出与确定研究目标

围绕我园当前幼儿绿色生活方式行为素养及教育中存在的问题与不足，提出绿色生活方式中幼儿发展内涵养成的教育目标。

1. 根据绿色生活方式行为素养的本质属性特征，确定绿色生活方式行为素养的构成。

2. 根据儿童行为素养构成的一般规律，从认知情感、方法能力和行为习惯三方面确定绿色生活方式行为素养养成目标。

3. 结合《3—6岁儿童学习与发展指南》《上海市学前教育纲要》《上海市学前教育课程指南（试行）》文件中相关的教育目标内容，同时考虑本园幼儿发展的实际需要，制订绿色生活方式行为素养养成目标系统，包括总体目标、分项目标和年龄段目标。

（三）规划与确定实施路径

以绿色生活方式行为素养养成目标为依据，结合养成教育特点与需要，确定以下实施路径。

1. 生成性课程活动和预设性课程活动相结合的基本实施方式。

2. 学习、游戏、运动与生活活动作为养成教育实施的四大活动途径。

3. 幼儿园教育与家庭教育成为融合协调的养成教育统一体。

（四）实践效果检验

1. 对照绿色生活方式中幼儿发展内涵养成教育目标，设计确定绿色生活方式中幼儿发展内涵养成评价指标体系。

2. 制订绿色生活方式行为素养养成评价程序与方法。

3. 完成绿色生活方式行为素养养成实效检验。

五、研究设计

（一）研究目标

1. 通过课题研究，概括绿色生活方式行为素养养成教育的目标、内容、途径、形式、策略和方法，设计和制订相应的评价指标和方法，使幼儿园的绿色生活方式行为素养养成教育走上更规范、科学的道路。

2. 通过课题研究，构建生动、活泼、民主的教育环境，使家长和教师更尊重幼儿的生命和价值，助推幼儿养成绿色的生活方式。

3. 通过幼儿园的绿色生活方式行为素养养成教育，使幼儿树立正确的生活态度。

（二）研究内容

1. 确定与界定课题的核心概念，提出与建构幼儿绿色生活方式行为素养的内容框架。

2. 分析与梳理我园当前幼儿绿色生活方式行为素养教育中的现状问题。

3. 提出幼儿绿色生活方式行为素养养成教育的目标。

4. 研发施行幼儿绿色生活方式行为素养养成教育途径的方案。

5. 设计幼儿绿色生活方式行为素养养成评价方法，开展幼儿绿色生活方式行为素养养成的实效检验。

（三）研究方法

1. 文献研究法

主要指搜集、鉴别、整理文献。

2. 调查法

主要通过观察和访谈等，了解幼儿绿色生活方式的现状、特点、问题，并寻找形成的原因，为幼儿园开展个性化教育提供依据和思路。

3. 行动研究法

通过一个个具体的实际案例，揭示开展幼儿绿色生活方式行为素养养成教育活动的过程和结果，为实施个性化的绿色生活方式养成教育提供借鉴和参考，并不断反思和总结，寻找问题，形成对策。

4. 经验总结法

主要通过对幼儿绿色生活方式行为素养养成教育中的经验和方法的总结、归纳和提升，为幼儿园开展幼儿绿色生活方式养成教育提供有效的经验。

六、研究实施与过程

根据研究的设计方案，我们有序开展了以下几方面的研究。

（一）绿色生活方式行为素养的内容框架

结合《中国学生发展核心素养》的理论框架及《3—6岁儿童学习与发展指南》所涵盖的幼儿发展核心素养的内容与要求，以科学性、时代性和园本性为基本原则，以培养"生活习惯良好、生活态度积极、生活品质高雅的新一代儿童"为核心，我园提出和确立幼儿绿色生活方式行为素养以生活态度、行为习惯、社会参与三项为主要发展维度，具体体现在"亲自然、有礼貌、能节俭、守规则、会合作、爱探究"六个行为要素方面。六个行为要素作为框架支撑起了绿色生活方式中幼儿行为素养的内容，并且相互联系、相互促进，在不同情境中发挥整体作用。

1. "亲自然、有礼貌"侧重幼儿对自然与社会的情感态度

可持续发展教育的本质要求是培养一种新的价值观，这种价值观的核心就是尊重。一是尊重环境，确立保护自然环境的意识与行为准则。环境保护的意识与行为的形成与情感态度密不可分，只有当人对自然环境产生亲近、关爱的态度后，其保护环境的意识与行为才会变得自觉。幼儿处于情绪情感发展的敏感期，积极与良好的情感体验有助于其建立与强化保护环境的意识与行为。二是尊重社会其他成员的生存、人格和发展。个体必须学习建立正确的社会伦理观，尊重他人，维护他人各种基本的权利。这样，才能使人类社会繁荣发展，并共同应对未来面临的各种生存问题。相应地，人与人之间的这种和睦相处关系的建立是需要以彼此间的尊重与信赖为前提的。因此，有必要重视和培养幼儿的文明礼貌行为和态度，帮助幼儿与其他社会成员间建立起最初的尊重与信任关系。

2."能节俭、守规则"侧重幼儿的环境保护行为习惯

节俭有两层基本行为含义：一是尽可能少而合理地获取与消耗资源，尽可能延缓和降低因地球资源不断消耗而对人类环境及人类自身生活带来的不利影响；二是尽可能实行资源的再利用，在生产和经济高度发达的今天，地球上每天都有难以计数的资源被人类所使用和消耗，每天有大量的已使用资源作为垃圾遭到丢弃，其中大部分会污染和损害环境。然而，从另个角度看，在人们丢弃的日常物品中，其中大多数都具有再利用价值，如果这部分资源得以充分有效利用的话，也能够大大延缓和降低地球资源消耗的速度。对地球环境的保护不是一时的权宜之计，需要一代又一代人的持续努力，从个体角度来讲，需要形成持之以恒的一贯行为，但要形成这样的习惯，又需要行为主体具有良好的规则意识。幼儿期是良好行为习惯养成的敏感时期，幼儿期进行节俭与规则意识的培养，有利于其养成良好的环保意识和行为习惯。根据幼儿期行为发展的特点与发展需要，有必要重视和加强幼儿绿色生活方式养成中节俭与规则意识与行为的教育。通过节俭与规则意识的初步培养，来帮助幼儿形成环保行为习惯，进而促进幼儿绿色生活方式行为素养的养成。

3."会合作、爱探究"侧重幼儿的社会参与能力

任何人的生存发展都离不开社会。个体只有较好地融入社会，参与社会，才能在社会群体中发展自己，同时也有机会服务社会，贡献社会。实现积极有效的社会参与，除了需要有正确的社会意识与社会规范外，还需要具有良好的社会适应与社会参与的能力。幼儿期是个体社会性发展的重要时期，同时也是发展创新能力的重要萌芽期。随着接触人群的扩大，每个幼儿在幼儿园的集体生活中学习各种交往与交流技能，学习与他人沟通、协作。同时，在环境的刺激与教师的引导下，幼儿不断尝试进行各种不同目的的探索。培养幼儿初步的合作与探究能力既是社会性发展的基本要求，也是幼儿绿色生活方式行为素养养成教育的应有之意。因此，幼儿绿色生活方式行为素养养成教育中，必须十分重视与强化幼儿社会参与能力的培养，尤其是"会合作、爱探究"的能力。

（二）我园幼儿绿色生活方式行为素养养成教育的现状

随着对绿色生活方式行为素养养成教育实践过程中存在问题的深刻剖析与理性思考，我们对阻碍幼儿绿色生活方式行为素养养成的内容进行了一系列调查，包括家长、教师对幼儿绿色生活方式行为素养养成的认知状况的调查；家庭中幼儿绿色生活方式行为素养养成教育的现状调查等。通过对遇到的瓶颈与主要问题的剖析与梳理，我们认为，绿色生活方式行为素养养成的内涵是非常丰富的，它不仅取决于个体的认知、情感、行为以及相对较为稳定的行为习惯，同时这些行为习惯的形成和固化与个体所处的环境、主流文化、价值观等有着十分重要的关系。通过以上分析，我们认为，阻碍幼儿绿色生活方式行为素养养成的主要问题在于不同对象对绿色生活方式的内涵存在认知差异。

1. 教师个体之间存在明显差异

每一个个体在呈现自己的生活方式时，会受到生活认知、个人素养、自我习惯以及家庭环境、社会环境等多方面因素的影响。我们发现，受多方面因素的影响，不同的教师个体之间对绿色生活方式行为素养的认知存在着显著差异。

（1）认知差异

在实践中，教师对绿色生活方式的内涵存在着认知差异，主要表现在：有的教师将其简单片面地理解为环境教育或者是环保教育；有的教师将其理解为生活教育；有的教师将其理解为行为强化教育……由于对绿色生活方式内涵理解的片面与狭窄，导致了后续的教育行为变得简单与单一，缺乏对幼儿绿色生活方式丰富内涵的深入挖掘。

（2）理念差异

教师的教育理念将直接关系到教育行为。教师对教育的认识，对儿童发展的认识，对学习方式的认识，对该如何培养孩子的认识等，直接影响着幼儿绿色生活方式行为素养的养成。

（3）专业技能和专业素养的差异

教师自身的外在行为、情感等会给予幼儿无形的影响。因此，在开展绿色生

活方式行为素养养成教育中，教师个人的行为素养、师德修养、兴趣爱好、社会价值观等，都会对孩子产生重要的影响。

2. 家长之间存在差异

在开展绿色生活方式养成教育中，我们发现，很多孩子没有养成绿色生活方式，其直接原因在于家长。

（1）家长理念的差异

家长之间知识水平、年龄、文化素养、生活方式、生活习惯、经济条件等存在着差异，这种差异导致的绿色生活方式养成理念的差异将直接影响幼儿行为素养的养成。

（2）家长教育方式方法的差异

不同家长的教育的方式方法不同，孩子对生态环境保护、文明要求的认识也各不相同，这也阻碍着幼儿绿色生活方式的养成。在开展绿色生活方式养成教育中，我们发现，如何培养有爱、有责任的幼儿，还需要家长在教育的方式方法上有更多的思考。生活中的"垃圾分类、变废为宝"看似都是平凡小事，背后却反映出不同的家庭文化。家长对于"人与自然、人与社会、人与自我"和谐共存的认识不同、喜好不同、教育不同，孩子的行为完全不同。

（3）家长是否以身作则

绿色生活方式养成教育是一种行为养成教育，行为养成教育的核心在于行动。幼儿年龄小，认识更多来源于成人的示范。因此，家长以身作则具有无声胜有声的教育影响。文明礼貌、尊重他人、遵守规则、信守承诺……这些都需要家长在日常生活中言传身教，进而影响和改变孩子。

（4）家长培养目标的差异

孩子承载着父母所有的期望。现代社会经济的高速发展，竞争日趋激烈，会影响家长对孩子的期望。望子成龙，非理性择校，盲目提早开始小学教育等，这些都反映出家长错误的教育理念，偏颇的教育目标：重知识轻能力，重结果轻过程，重技能轻情感。家长的教育目标决定着家长到底希望把孩子培养成为一个怎样的人。

（5）家庭环境的差异

不同家庭环境培养出不同的孩子。孩子的学习习惯、活动方式、饮食偏好、生活内容的安排等，这些都和孩子所生活的家庭环境和家长的教养方式息息相关。例如，家长对植物的喜好，直接影响着孩子对自然的感知、探索与发现。

3. 幼儿间的差异

幼儿是独立的个体，每位幼儿在绿色生活方式素养养成的过程中将受到来自幼儿间的差异的影响。

（1）幼儿自身发展存在差异

世界上，找不到两片一模一样的叶子。孩子也是如此，不同的孩子，有的好动，有的好静；有的喜欢看书，有的喜欢运动；有的积极主动，有的只依赖于被动接受；有的记忆力好，有的总是丢三落四；有的动作发展好，有的信息学习能力强。因此，在幼儿绿色生活方式行为素养养成教育中，我们更需要站在儿童的角度来思考，不能简单地用一种方法、一样的标准来进行教育。

（2）幼儿的兴趣爱好存在差异

每个孩子受到其原生家庭的影响，在成长过程中的兴趣爱好也会存在着明显的差异，如有的喜欢运动，有的喜欢表演，有的喜欢绘画，有的喜欢劳动……在开展绿色生活方式行为素养养成教育中，这种幼儿的差异必须纳入考虑范围。

（3）幼儿所处的家庭文化存在差异

由于孩子来自不同家庭，不同的家庭文化对孩子产生着重要的影响。

正是由于幼儿间的这些差异，我们在思考绿色生活方式行为素养养成教育的时候，应该站在幼儿的角度来综合考虑问题。绿色生活方式行为素养养成教育是面向未来、具有丰富内涵的行为素养养成教育。在实践的过程中，我们要遵循儿童的发展规律，从深层次来理解教育的内涵，并在教育方式、教育方法和教育途径上，全方位地探寻更有利于儿童成长，有利于社会发展需要，有益于可持续发展的教育途径、方法、手段和策略。

（三）绿色生活方式行为素养养成教育的愿景与目标

"亲自然、有礼貌、能节俭、守规则、会合作、爱探究"是基于幼儿绿色生活方式行为素养养成而提出的，被确定为幼儿绿色生活方式六大行为素养。

1. 概念界定

（1）亲自然

亲：亲近、亲爱、亲善。自然：指狭义的大自然，与人类社会相区别的物质世界。亲自然主要指人亲近和爱护自然的情感与态度，本研究中，主要是指基于亲近自然的绿色生活环保意识和行为。

（2）有礼貌

礼貌是指人们在日常交往中所表现出的对他人尊重和友好的行为举止。有礼貌是指人们在日常交往中，通过仪表、仪容、仪态及言谈举止表现出对他人的尊重和友好。本研究中，我们将其定义为高雅、文明的生活意识、行为和习惯。

（3）能节俭

节：是限制、管束的意思，旨在对某种行为的自我管制。俭：与奢相对，意为不铺张浪费。节俭可理解为个人节制性地不浪费，具有节约、节省的生活习惯与意识。本研究中，能节俭主要指有节俭的意识、习惯与能力等。

（4）守规则

守：具有护卫、遵循、看守的含义。规则：一般指由群众共同制订、公认或由代表人统一制订并通过的，由群体里的所有成员一起遵守的制度和条规。它有两类形式：明规则、俗规则。明规则是有明文规定的规则；俗规则不是明文规定的规则，而是在社会生活中因彼此感应、默契而形成的规则。本研究中，守规则主要是指坚持遵循、执行一定的社会集体生活规则。

（5）会合作

合：跟分相对，指事物由原先分离、分散状态变化至集中、整体的状态。作：同做，指进行某种活动。合作：最基本的含义是指不同的人集中一起来做事。现在一般的理解是，合作就是互相配合，共同把事情做好，是个人与

个人、群体与群体之间为达到共同目的、彼此相互配合的一种联合行动。本研究中，会合作主要是指学会建立一定的规则，共同实现目标，体验合作的快乐。

（6）爱探究

探：本意是摸取，引申义为寻求。究：深入钻研的意思。探究：积极地寻求与钻研问题。爱探究：热衷于寻求与钻研事物发生背后的原因和规律等。本研究中，爱探究指幼儿在活动中表现出的主体性和主观能动性。

2. 愿景与目标

（1）愿景

根据幼儿绿色生活方式行为素养养成教育的价值，我园提出了幼儿绿色生活方式行为素养养成教育的愿景：帮助幼儿树立正确的生活态度，养成良好的生活习惯，并逐步建立健康、节约、文明、向上的与绿色生活方式相匹配的现代生活方式，养成一种高雅文明的生活品质，为幼儿未来可持续发展和健康成长奠定基础。

（2）总体目标

在上述幼儿绿色生活方式行为素养养成教育的愿景下，以"知识与技能、过程与方法、情感态度与价值观"三维目标设计方法为依据，我们进而提出了幼儿绿色生活方式行为素养养成教育的总体目标，即"亲自然、有礼貌、能节俭、守规则、会合作、爱探究"，旨在培养幼儿初步的绿色生活方式行为意识，养成相应良好的绿色生活方式行为习惯。

① 追求一种自然的生活态度。这主要表现为处理人与自然的关系，亲近自然，讲究节俭。

② 建立一种有序的生活规则。这主要表现为处理人与社会的关系，遵守规则，建立内在秩序。

③ 养成一种文明的生活习惯。这主要表现为处理人与自己的关系，讲礼貌，与他人友好相处，接纳自己，热爱生活，学会审美。

（3）分项目标

表1-1 幼儿绿色生活方式行为素养养成教育的分项目标

行为素养	形成一定的意识	养成一定的行为习惯	具有一定的方法与能力
亲自然	认识、了解生活中常见的自然物和自然现象，初步理解人类与自然的依存关系，具有喜爱自然、珍惜自然和保护自然的意识。	亲近自然，喜欢去自然场地玩耍，去野外游玩，喜欢观察自然物和自然景观，喜欢养护和种植一些动植物。	会观察、欣赏自然物体和自然景象，具有一定的养护和种植动植物的知识与能力，具有一定的表现自然景物的知识与能力。
有礼貌	了解日常的语言交流礼节，知道要遵守集体生活的语言规则，明白公共场所语言文明的必要性，形成尊重他人的意识。	能有礼貌地与他人友好相处，与人交往时，行为自然，态度亲和，习惯使用礼貌用语，与人交谈会注意倾听，并能积极主动地回应，公共场合中，会遵守基本的礼节要求。	掌握基本的礼貌用语，在不同的生活场景中表现得当的行为举止，能以得体的方式协调处理与他人的关系。
能节俭	知道自然资源的宝贵，理解人们节能和节物的意义，懂得废旧材料再利用的价值和意义，体会各种废旧物品再利用的作用与乐趣。	日常生活中，有良好的节俭行为与习惯，平时爱惜物品，有意识地减少对物品和能源的使用，并喜欢对生活中废旧物品进行再利用。	学会合理使用和维修日常生活用品的方法与技能，掌握多种节约使用物品和能源的方法，具有较多的废旧物品再利用的经验，有创意的能力。
守规则	初步了解并遵守共同生活所必需的规则及其意义，形成初步的规则意识，认识与知道日常生活中的多种规则与相关标志。	日常生活中，具有守规则的习惯，遵守基本的社会行为规则，愿意根据规则进行活动和解决纠纷，对活动中违背规则的行为感到不满。	具有一定的分析与理解规则的能力，能够判断事件是否违反规则，掌握自己制订规则的方法与能力。
会合作	感受、理解与人共同活动与协作的意义，形成共同活动的愿望与合作意识。	喜欢与同伴一起交往与活动，活动中会与他人积极沟通协商，分工合作，遇到困难一起克服，会服从集体决定的意见，配合他人行动，达成活动的目标。	学会使用交往与沟通的语言，掌握协商的方法与技能，学会分辨和控制自己的情绪和不宜行为，积极调整自己的行为，会运用分工合作的方法与技能，合力完成一定的活动任务。

（续表）

行为素养	形成一定的意识	养成一定的行为习惯	具有一定的方法与能力
爱探究	了解生活中一些基本的科学知识，了解当前科技发展取得的一些最新成果，理解科学研究对人们认识发展和生活水平提高的意义。	喜欢观察、探索周围事物与现象的变化，喜欢接触、了解身边各种新鲜事物，能坚持不懈地研究与解决问题，积极地参加与投入各种科学探索活动，有自己一定的研究爱好。	学会运用简单的科学探究与表达方法，掌握多途径收集信息、物品与材料的方法，会运用与人进行研究交流和成果分享的方法。

（4）各年龄段目标

表 1–2　幼儿绿色生活方式行为素养养成教育的各年龄段目标

行为素养	年龄段	形成一定的意识	养成一定的行为习惯	具有一定的方法与能力
亲自然	小班	• 在观赏自然景物的过程中，感受了解多种自然物与自然现象，区分常见的草、树、花、鸟等动植物。 • 感知和体会天气、动植物对自己生活和活动的影响。 • 知道应爱护绿化，不能损坏和伤害树、草、花和小动物。	• 喜欢观察、亲近身边的植物和小动物，对各种有趣的自然物和自然现象感到好奇。 • 喜欢去野外游玩（如喜欢随大人去公园、郊外游玩，游玩时兴奋活跃），喜欢在草地等自然场地中做游戏。 • 在教师带引下，乐意参加一些种植和养护活动。	• 能集中注意力观察自然景象和动植物。 • 会操作、比较、认识一些动植物的基本特征。 • 会做一些给动植物喂食、浇水等辅助性的养护工作。
	中班	• 了解动植物的生长所需的基本条件。 • 了解不同季节的特点及季节对人们生活的影响。 • 知道爱护绿化的意义，萌发爱自然的情感。	• 喜欢观赏自然美景、关注其色彩、形态等特征；喜欢倾听自然界各种好听的声音（鸟鸣、风声、雨声等），感知声音的高低、长短、强弱等变化。	• 学会用简单的观察方法有目的地感知周围自然物和自然现象。 • 学会感受和表现大自然中的声、形、色，能感受到艺术作品中大自然的美。

（续表）

行为素养	年龄段	形成一定的意识	养成一定的行为习惯	具有一定的方法与能力
亲自然	中班		• 喜欢去户外游玩（主动要求外出游玩），游玩时不怕脏，喜欢玩自然物，喜欢小动物。 • 关心爱护动植物，愿意参加环保活动。	• 初步学会一些喂养动物、种植植物的方法与技能。
	大班	• 了解动植物的生活习性与生长变化以及季节的变化与更替的规律。 • 在参观、游览、远足等活动中，更深刻地认识周围自然现象，理解自然与人们生活的关系。 • 初步形成爱护自然，珍惜资源，关心和保护环境的意识。	• 能较长时间地观赏自然景物，喜欢模仿自然界中有特点的声音。 • 主动要求或结伴参加自然野趣的活动。 • 乐于照顾动植物，认真做好班级自然角工作，积极参加环保活动。	• 能仔细观察自然景象中事物的色彩、形态等特征，察觉其变化，并会做一定的观察记录。 • 能独立做一些力所能及的种植、喂养工作。 • 能从多方面感知周围生活中的自然美，大胆运用艺术与表演的形式（如唱歌、舞蹈、演奏、绘画、制作、构造、戏剧表演、角色游戏等）进行表达表现。
有礼貌	小班	• 知道见到熟悉的人要打招呼，初步形成礼貌意识。	• 在成人的提醒下，使用礼貌用语招呼熟悉的人。 • 长辈讲话时，能认真听；与别人讲话时，眼睛会看着对方；在提醒下，做到不打扰别人。	• 在不同场景下，学习使用不同的礼貌用语。 • 在成人帮助下，尝试调节自己情绪，不乱发脾气。

（续表）

行为素养	年龄段	形成一定的意识	养成一定的行为习惯	具有一定的方法与能力
有礼貌	中班	• 知道对人要有礼貌，形成一定的礼貌意识。	• 主动使用礼貌用语（如接受帮助时会说"谢谢"，打扰别人时会说"对不起"等）。 • 别人对自己讲话时，会注意倾听，理解他人说话的意思，并积极地回应。	• 在不同场景下，能使用得当的礼貌用语。 • 能用礼貌的方式向他人表达自己的要求和想法。
	大班	• 知道尊重他人，有礼貌的意义。	• 主动使用礼貌用语与陌生人招呼交流。 • 别人讲话时，能积极主动地回应，根据谈话对象和需要，调整说话的语气和使用恰当的语言，按次序轮流讲话，不随意打断别人。	• 与不同的人交流时，都能做到有礼貌、讲道理。 • 会初步区分与分析礼貌的行为与不礼貌的行为。
能节俭	小班	• 初步知道节约水、电、粮食的意义。 • 体会各种废旧物品再利用的作用与乐趣。	• 在提醒下，爱惜和节约使用生活物品（如不损坏玩具和物品，把饭菜吃完，一次用一张餐巾纸等）。 • 愿意使用废旧物品制成的再生物品。	• 学会一些简单的生活节约技能（如关闭电源、水龙头等）。 • 学会简单的生活物品清洗、整理的方法和废旧物品收集利用的方法。
	中班	• 理解自然资源有限，具有节水、节电、节能的意识。 • 知道有些废旧物品还可以再利用，了解一些废旧物品再利用的方式和用处。	• 注意爱护身边的环境，不过度饮食，不过度使用水、电等资源。 • 喜欢使用废旧物品制成的再生物品，会用自然物和废旧物品进行装饰和再制作利用。	• 掌握日常生活中的一些技能（如操控遥控器，轻拿轻放一些易碎易破的物品等）。 • 在教师指导下，学会利用废旧材料的方法。

（续表）

行为素养	年龄段	形成一定的意识	养成一定的行为习惯	具有一定的方法与能力
能节俭	大班	• 具有一定的环保知识，理解人们节能的意义。 • 懂得废旧材料再利用的价值和意义。	• 会提醒别人爱护身边的环境，不过度使用水电等资源。 • 主动收集废旧物品，会用自然物和废旧物品美化环境和再制作利用。	• 能想出办法减少资源浪费（如节水、节电的小妙招），学会循环再利用资源的方法（如水的循环利用）。 • 学会清洗玩具、修补图书和利用废旧材料进行创造性制作的方法。
守规则	小班	• 了解集体生活中的基本常规，知道上幼儿园不迟到。 • 知道不经允许不能拿别人的东西，借别人的东西要归还。 • 懂得垃圾应丢进垃圾箱。	• 在教师引导下，愉快地参加各类游戏和活动，爱护玩具和用具，共同使用和参与整理。 • 能接受成人提示，遵守集体生活中的基本常规，遵守游戏和公共场所的规则（如不争抢，不独霸玩具，不扰乱别人，不乱扔垃圾等）。	• 能根据生活中常见符号、标志的特征，初步理解它们所表达的意思。 • 在教师引导下，初步掌握集体生活中的规则（如排队、轮流、整理玩具等）。 • 能根据成人提示，将垃圾分类放进不同的垃圾箱。
	中班	• 知道日常生活中的规则，初步形成规则意识（如懂得要排队洗手，依次玩玩具等）。 • 知道自我行为需遵守的一些规则（如不能拿不属于自己的东西，知道说谎是不对的）。 • 认识一些环保标志，知道生活垃圾分类处置的方法。	• 注意遵守日常生活中的规则（如不私自拿不属于自己的东西，唱国歌、升国旗时能自动站好，会收拾与整理物品）。 • 对大家都喜欢的东西会轮流玩与共同分享，开始形成较好的行为习惯（如做了错事会承认，不说谎等）。	• 学习分辨理解生活中常用标志及其意义。 • 在教师引导下，学习与同伴协商制订游戏和活动规则，活动中能控制自己的情绪和不适宜行为，能够判断行为事件是否违反规则。 • 学习垃圾分类的方法。

（续表）

行为素养	年龄段	形成一定的意识	养成一定的行为习惯	具有一定的方法与能力
守规则	中班		• 有意识地把生活垃圾分类放置。	
	大班	• 知道公共场所中的一些基本规则（如交通规则、交往规则、爱护公物和公共环境的规则）及其意义，社会规则意识逐步形成。 • 能遵守规则，做到守约（如知道要信守承诺，接受了的任务要努力完成）。 • 能区分可回收物和不可回收物。	• 自觉遵守集体的一些共同规则（如游戏结束了要把玩具整理好放回原处；上课发言要举手，轮流发言，不随意打断别人讲话；公共场所语言要文明，不大声喧哗；升国旗时肃立，会唱国歌，有自豪感等）。 • 喜欢做较复杂规则的游戏，自觉遵守游戏规则，会指出并批评活动中他人违反规则的行为。同时，有良好的行为习惯（如认真负责地完成自己所接受的任务；爱惜物品，用别人的东西时也知道爱护等）。 • 习惯把生活垃圾分类放置。	• 学会与同伴协商制订游戏和活动规则（如体育游戏、棋类游戏等）。 • 学会分析与选择活动规则，评价自己和同伴的行为，会使用一定的规则解决纠纷。 • 学会将生活垃圾按可回收物和不可回收物分类正确放置。
会合作	小班	• 喜欢集体生活，体验到与教师和同伴共处的快乐。 • 与同伴共同玩的意识加强，了解与他人交往的方式。	• 能以动作引起教师的注意，表达对教师的亲近和与教师交往的意愿。 • 对群体活动有兴趣，乐于与同伴一起游戏，共同分享玩具和快乐。 • 在成人指导下，遵守共同活动的协作规则。	• 学会以友好地提出请求的方式加入同伴的游戏，学会一些初步的共同活动的方法（如轮流、分享等）。 • 会以动作的方式开展有联系的互动，并初步用语言的方式与同伴进行简单交流。

（续表）

行为素养	年龄段	形成一定的意识	养成一定的行为习惯	具有一定的方法与能力
会合作	中班	• 体会团队活动中心协作特点，合作意识逐渐增强。 • 知道与伙伴共同活动需掌握的规则。	• 喜欢和同伴一起游戏，能结识陌生的伙伴，有经常一起玩的小伙伴。 • 合作意识明显增强，能根据合作意图展开行动，会使用简单策略协调自己的行为。 • 共同活动中，会根据他人的情感和需要调整自己的行为。	• 加入同伴游戏时，会运用介绍自己、交换玩具等简单技巧。 • 学会与人合作的基本方法（如结伴、轮流、请求、商量、分享等）。
	大班	• 进一步了解团队活动中的协作特点，合作意识明显增强。 • 理解一些更复杂的合作规则（如逐渐明白公平的原则和需要）。	• 能与同伴友好相处，有自己的好朋友，也喜欢结交新朋友，并愿意与大家分享有趣的事。 • 多参与合作性强的活动，活动中有共同目标，为实现共同目标会主动运用多种协作策略(如相互配合，分工合作，协商解决问题，协调关系等)。 • 合作中会更好地处理、协调与同伴的关系(如能向其他伙伴介绍、解释游戏规则；有问题愿意向别人请教；大胆、清楚地表达自己的想法，也愿意接受同伴的意见和建议，服从集体的决定；与同伴发生冲突时，能在他人帮助下和平解决等)。	• 学会吸引同伴与自己一起游戏的办法。 • 学会为实现共同目标可运用的多种协作策略（如分工协商，交流分享，倾听理解，互助支持，关爱抚慰等）。

（续表）

行为素养	年龄段	形成一定的意识	养成一定的行为习惯	具有一定的方法与能力
爱探究	小班	• 接触了解周围生活环境的人、事、物。 • 感受身边熟悉的科技产品的作用。	• 对周围世界有好奇心，喜欢向成人提出各种有趣的问题。 • 喜欢对自己日常熟悉的物品反复操作，表现出关注与探究的兴趣。	• 学会运用多种感官或动作探索物体，发现其明显特征。
	中班	• 观察认识周围事物的一些具体特征，发现事物之间的简单关系，萌发探索的意识与兴趣。 • 认识了解生活中常用的科技产品，体会科技产品对生活的影响和意义。	• 喜欢接触新事物，经常问一些与新事物有关的问题，提问时常常喜欢刨根问底，不但要知道"是什么"，而且还要探究"为什么"，如"为什么鸟会飞？为什么洗衣机会转？"等等。 • 对生活中有接触但不太熟悉的事物会非常关注并表现出探究行为，喜欢观察与探究特征明显、多元、有变化且好玩的事物与现象。 • 探究后能积极表达交流。	• 能对事物或现象进行观察比较，发现其相同与不同之处，能根据观察结果提出问题，并大胆猜测答案。 • 会运用简单的方式收集信息，用图画或其他符号记录探究内容（如猜想所探究事物的外形特征、数量、明显的差异或变化等）。 • 会根据自己的记录来表达，表述趋向完整而有序，交流与讨论也更集中于核心问题与内容。
	大班	• 了解人们衣、食、住、行等基本物品的来源和用处。 • 学习一些动植物生长和常见物理现象的知识，有较强的科学探究的兴趣。	喜欢追问，提更复杂的问题（如不但爱问"是什么"，还想知道"怎么来的""是什么做的""为什么月亮跟着走""鱼儿为什	学会运用简单的科学方法进行探究，能对所研究的问题或观察到的事物、现象开展实验，并进行简单的推理，解决问题或发现事

（续表）

行为素养	年龄段	形成一定的意识	养成一定的行为习惯	具有一定的方法与能力
爱探究	大班	• 了解人类现今取得的科学成果，懂得科学研究发现与发明创造对人们生活的意义。	么能在水里游""电视机里的人怎么会走路、说话"等），也爱听科学家研究的故事。 • 对有一定挑战性的内容或问题表现出探究兴趣，关注事物的内隐特征或结构（如喜欢关注事物的变化、奇特的现象以及事物的细节特点与功用等），能长时间专注于研究某个事物，遇到困难不轻易放弃，会尝试自己解决或寻求帮助。 • 喜欢与他人进行合作与交流，喜欢同兴趣相同或相近的幼儿结成探究小组，经常会边探究边交流讨论，甚至还会出现争论与协商。	物明显的规律与关系（如能通过观察、比较与分析，发现并描述不同种类物体的特征或某个事物前后的变化，能用一定的实验方法验证自己的猜测等）。 • 学会对事物进行深入探究和多角度的研究（如在探究"兔子"的过程中，提出并研究"兔子的耳朵为什么有这么多的血管？兔宝宝刚生下是白色的、肉色的，还是黄色的？兔宝宝是胎生还是卵生的？兔宝宝吃下去的东西去哪儿了？"等问题。探究"春天"时，已不再集中在某个问题点上，而是出现了多角度的探究（如有的关注春天的花、草、树木；有的关注春天菜园里为什么虫子这么多；有的关注春天为什么墙壁会"流汗"；有的关注春天为什么一直下雨，雨是怎么来的；有的甚至还关注到春天白天变长了）。

（续表）

行为素养	年龄段	形成一定的意识	养成一定的行为习惯	具有一定的方法与能力
爱探究	大班			• 在成人支持下，能制订简单的研究计划，会运用多元化、个性化的记录与表达方式（如自己写或请成人帮忙用图文并茂的方式来记录，便于阅读与交流；在教师的引导下，还能运用数字来记录，并将数学统计的方法运用到记录统计和比较中，从而使记录更客观严谨）。 • 较好地掌握探究中与他人合作与交流的方法与技能。

（四）幼儿绿色生活方式行为素养养成教育的路径

幼儿绿色生活方式行为素养养成教育主要通过生成性课程和预设性课程，生活、学习、游戏、运动四项活动，幼儿园教育与家庭教育融合与协调等三个基本路径实施开展。

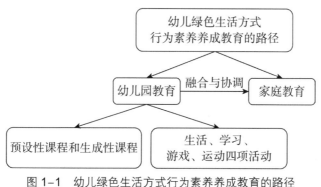

图 1-1 幼儿绿色生活方式行为素养养成教育的路径

1. 预设性课程和生成性课程相结合的基本实施方式

教育是教育者对受教育者身心发展有意识施加影响的活动。基于这一认识，课程是教育者对受教育者施以影响的形式与过程。幼儿园课程可分为生成性课程和预设性课程两类，生成性课程和预设性课程是我们开展幼儿绿色生活方式行为素养养成教育最基础的实施方式。

（1）预设性课程中开展幼儿绿色生活方式行为素养养成教育

预设性课程是教师根据预先的计划所执行的活动。预设性课程能够帮助教师系统而又层次递进地指导幼儿学习绿色生活方式的知识，激发绿色生活方式的意识，掌握绿色生活方式的技能，养成绿色生活方式的行为习惯，它是施行幼儿绿色生活方式行为素养养成教育的重要方式和途径。

① 预设绿色生活方式教育内容

我园依据幼儿绿色生活方式行为素养养成教育的核心素养，将"亲自然、有礼貌、能节俭、守规则、会合作、爱探究"六项行为素养渗透在幼儿日常生活中，同时结合"衣食住行""自我保健""遵守规则""阅读""健康的心理"等五大专题开展。

A. 幼儿日常生活中渗透绿色生活方式行为素养养成教育

表1-3 幼儿日常生活中渗透绿色生活方式行为素养养成教育内容示例

行为素养		内容示例
亲自然	少乘车，坚持走路上幼儿园	小班：自己走进幼儿园
		中班：心情愉快地走进幼儿园
		大班：环保出行，坚持每天上幼儿园
	垃圾要扔进垃圾桶（垃圾分类）	小班：知道垃圾要扔进垃圾桶，知道有害物品要放专门的垃圾桶
		中班：能区分可回收物和不可回收垃圾
		大班：会垃圾分类
	少用或不用餐巾纸	小班：学习正确使用餐巾纸
		中班：学会正确使用餐巾纸
		大班：学会正确使用餐巾纸

行为素养		内容示例
亲自然	不需要的东西能再次利用	小班：知道很多废弃物品能再次利用
		中班：知道很多废弃物品能再次利用，并尝试简单制作
		大班：主动收集废弃物品，变废为宝
	爱护绿化，保护绿化	小班：知道自己班级的种植园地，知道要爱护花儿
		中班：会照顾班级自然角
		大班：宣传爱护绿化、保护绿化
有礼貌	衣服穿戴整齐，整洁大方	小班：在成人帮助下，衣服穿戴整齐，整洁大方
		中班：会自己把衣服穿戴整齐，整洁大方
		大班：会相互检查，做到衣服穿戴整齐，整洁大方
	穿合适的衣服上幼儿园	小班：知道上幼儿园穿运动鞋和裤子
		中班：坚持穿合适的衣服上幼儿园
		大班：会根据自身需要增减衣服
	与教师、保育员再见要鞠躬感谢	小班：知道与教师、保育员再见要鞠躬感谢
		中班：能站直后与教师、保育员鞠躬说再见
		大班：主动和教师、保育员说再见行鞠躬礼
	打喷嚏时用衣物捂住口鼻	小班：了解打喷嚏的正确方法
		中班：学会打喷嚏的正确方法
		大班：能坚持做到打喷嚏的时候不对着人
能节俭	擦肥皂搓手时要关紧水龙头	小班：知道关紧水龙头后再擦肥皂
		中班：坚持做到关紧水龙头后再擦肥皂
		大班：提醒他人做到关紧水龙头后再擦肥皂
	摆在自己面前的食物能吃完，做到饭碗、菜碗、汤碗三清	小班：尝试品尝没吃过和不喜欢吃的食物，把食物吃干净
		中班：能吃完自己面前的食物，米饭不掉落在桌面上
		大班：按需拿取食物，样样尝试，不浪费

（续表）

行为素养		内容示例
能节俭	最后一个离开的人要关灯	小班：知道离开房间要关灯
		中班：知道最后一个离开房间的人要关灯
		大班：最后一个离开房间的人做到关灯，并能提醒他人关灯
守规则	过马路要走斑马线，红灯停，绿灯行，看见黄灯慢下来	小班：认识斑马线，知道过马路要走斑马线，知道红灯停，绿灯行
		中班：过马路会走斑马线，看到黄灯慢下来，能根据信号灯过马路
		大班：能提醒家人过马路要走斑马线，根据信号灯指示过马路
	准时到幼儿园	小班：坚持每天拿到红牌子（即晨检牌）
		中班：准时上幼儿园
		大班：能早来幼儿园做值日生，为大家服务
	上下楼梯朝右边走	小班：学会看楼梯上的脚印走
		中班：上下楼梯靠右边走
		大班：提醒同伴、弟弟妹妹上下楼梯靠右边走
	知道公众场所不能大声喧哗	小班：知道公共场所不能大声喧哗
		中班：能做到公共场所不大声喧哗
		大班：在不同的场合学会控制音量
	在合适的地方吃东西	小班：知道要坐在桌子前面吃东西
		中班：要把食物吃干净后才能离开座位
		大班：不能边走边吃东西
	吃东西的时候，细嚼慢咽，不发出声音	小班：学会正确的咀嚼方式
		中班：知道嘴巴里有食物的时候不讲话
		大班：吃东西的时候细嚼慢咽，不发出声音

	行为素养	内容示例
守规则	学会等待	小班：知道生活中很多时候需要排队
		中班：能遵守生活中的排队规则
		大班：坚持遵守生活中的排队规则
	听到国歌时要立正	小班：听到国歌时不能讲话，不乱动
		中班：听到国歌时立正
		大班：听到国歌时立正，行注目礼
会合作	想玩别人玩具的时候要征得同伴同意	小班：知道玩别人玩具前要征得同伴同意
		中班：能做到玩别人玩具前要征得同伴同意
		大班：能征得同伴同意后友好地玩别人的玩具，懂得爱护
	关门的时候要看看后面有没有人	小班：知道关门的时候要看看后面有没有人
		中班：基本做到关门的时候要看看后面有没有人
		大班：注意到后面有人的时候会主动留门
	愿意安静地倾听，别人说话时看着对方的眼睛	小班：知道说话时要看着对方的眼睛
		中班：学会倾听
		大班：别人说话时不插嘴
	为他人（集体）的成功感到高兴，为落后的人加油鼓劲	小班：同伴受到表扬时会拍手
		中班：为同伴的成功感到高兴
		大班：能发现同伴的闪光点
爱探究	遇到困难先想办法	小班：遇到困难不哭泣，会求助
		中班：遇到困难时，能尝试着想办法解决
		大班：遇到困难时，能自己想办法解决
	每天说一件感到美好的事情	小班：和爸爸妈妈说一件幼儿园开心的事情
		中班：尝试控制自己的情绪，能和好朋友说一件幼儿园开心的事
		大班：能调节自己的情绪，感受生活中美好的事情

（续表）

行为素养		内容示例
爱探究	中大班每周看一本书（小班两周一本）	小班：在家长的陪同下，学会看书的方法，自己翻页
		中班：学会看图，并能讲述大概内容
		大班：会分享自己的阅读体验，讲述故事
	每个月和家人一起外出游玩，走进大自然	小班：亲近大自然，喜欢和家人一起外出游玩
		中班：知道要文明出游
		大班：文明出游
	每学期参加一次亲子徒步	小班：徒步活动中，坚持自己走
		中班：徒步活动中，自己的东西自己拿
		大班：徒步活动中，能照顾老人

B. 幼儿绿色生活方式行为素养养成教育专题内容

a. "衣、食、住、行"专题教育内容

"衣"指个人的穿衣的喜好、习惯等；"食"指个人的饮食习惯、饮食态度等；"住"指个人对日常的居家空间及相关的社区、社会等大环境的关爱与守序；"行"指个人日常的健康与环保的出行方式。

日常生活中"衣、食、住、行"文明行为习惯的培养，既能养成幼儿日常良好的生活行为习惯，同时也有助于其绿色生活方式行为素养的提升。

表1-4　"衣、食、住、行"专题中幼儿绿色生活方式行为素养养成教育内容示例

专题	年龄班	内容示例
衣	小班	主题"花花衣服真好看"活动内容："小宝宝会穿衣""娃娃新衣裳""布衣真舒服""衣服送给需要的人""衣服变变变""干干净净大家爱"等
	中班	主题"小衣服大学问"活动内容："棉质衣服真舒服""环保时装秀"等
	大班	主题"旧衣服哪里去了"内容："旧衣回收""旧衣DIY"等
食	小班	主题"啊呜啊呜真好吃"内容："小小蛋儿营养好""香香的蔬菜""鲜榨果汁""啊呜啊呜吃个饱""今天你喝了吗""宝宝的早餐"等
	中班	主题"食物金字塔"内容："绿色食品""食物清洁剂""我爱吃粗粮"等

（续表）

专题	年龄班	内容示例
食	大班	主题"我爱绿色食品"内容："健康饮料""夏日饮食卫生""健康饮食金字塔""食品袋上的信息"等
住	小班	主题"小小房儿真奇妙"内容："送垃圾回家""关紧水龙头""灯宝宝生气了""宝宝真温馨""干净的水""小猫搬家"等
	中班	主题"我帮垃圾找新家"内容："有用的纸""垃圾分类""垃圾不见了"等
	大班	主题"我是节能小能手"内容："自己的事情自己做""观察记录家中的植物""小小看新闻""垃圾分类""循环再利用"等
行	小班	主题"绿色出行真健康"内容："今天不乘车""宝宝来排队""走路上幼儿园""汽车嘟嘟""红绿灯""我是小司机"等
	中班	主题"便捷的交通"内容："坐地铁逛上海""马路上的斑马线""认识地铁"等
	大班	主题"四通八达的交通"内容："出行统计""绿色出行我先行""共享单车真便捷""出行方法多"等

b. "自我保健"专题教育内容

"自我保健"是指个人运用所掌握的卫生知识和保健方法，保持健康的生活习惯。"自我保健"可以帮助幼儿从小养成健康的好习惯。

表1-5 "自我保健"专题中幼儿绿色生活方式行为素养养成教育内容示例

基本经验	内容示例
有规律地作息，积累健康生活的经验	• 良好习惯：日常的起居、进餐、盥洗、使用及整理物品 • 遵守规则：集体生活常规、公共卫生规范 • 文明礼仪：礼貌招呼、大方应答、行为举止文明
学习保护自己，体验健康安全生活的重要	• 需求表达：生理需要、情感需要 • 安全常识：安全使用物品，避开危险，简单地求救与自救方法 • 健康常识：饮食、饮水、营养、睡眠、排泄 • 卫生常识：个人卫生、疾病预防

（续表）

基本经验	内容示例
适应集体生活，感受共同生活的乐趣	• 交往技能：分享、协商、合作、沟通 • 情感体验与表达：家庭亲情、师生情、同伴友爱 • 自我意识：认同自己、认同他人、合理的情绪宣泄
学做自己的事情，积累自理生活的经验	• 个人生活自理：自己进餐、穿脱衣裤、盥洗、如厕，自主有序地处理自己的事情 • 简单劳动：扫除、帮厨、种植、饲养、整理物品、值日

c."阅读"专题教育内容

"阅读"是指幼儿通过图书阅读不断丰富思想认知，提升精神世界。通过提供与绿色生活相关的书籍，丰富幼儿对绿色生活方式的认识。

表1-6 "阅读"专题中幼儿绿色生活方式行为素养养成教育阅读书目示例

行为素养	小班	中班	大班
亲自然	1.《小熊宝宝13》 2.《幸福的种子》 3.《鲁拉鲁先生的院子》 4.《哗啦哗啦鱼儿游》 5.《好饿的毛毛虫》 6.《彩虹色的花》	1.《你很快就会长高》 2.《大熊抱抱》 3.《热带鱼泰瑞》 4.《猜猜我有多爱你》 5.《不睡觉世界冠军》	1.《树真好》 2.《一园青菜成了精》 3.《这片草地真美丽》 4.《地球之舞》 5.《小鼹鼠嘉宝》 6.《爱花的牛》 7.《花婆婆》 8.《如果地球被我们吃掉了》 9.《再见小树林》 10.《都是放屁惹的祸》
有礼貌	1.《小熊宝宝1》 2.《小熊宝宝5》	1.《我妈妈》 2.《我爸爸》 3.《楼上的外婆和楼下的外婆》 4.《我们家是世界上最好的家》	1.《让路给小鸭子》 2.《小房子》 3.《会飞的抱抱》 4.《爱心树》 5.《第一次上舞台》

行为 素养	小班	中班	大班
有礼貌		5.《我懂礼貌》 6.《我的名字克丽桑丝美 　美菊花》 7.《我变成一只喷火龙了》	
能节俭	1.《幸福的种子》	1.《爷爷一定有办法》	1.《怕浪费婆婆》 2.《胖国王》 3.《瘦皇后》
守规则	1.《小熊宝宝 10》 2.《小熊宝宝 11》 3.《小熊宝宝 12》 4.《我先，我先》 5.《幸福的种子》 6.《阿文的小毯子》 7.《我不困，我不想睡觉》 8.《怪兽阿抖来了》 9.《啊哈，幼儿园》	1.《小笨熊的第一次》 2.《大卫，不可以》 3.《威廉先生的圣诞树》 4.《爱哭的猫头鹰》	1.《我的情绪小怪兽》 2.《大卫上学去》 3.《迟到大王》 4.《爱哭的猫头鹰》 5.《不要告状，除非是大事》 6.《绘本快乐儿童的 7 个 　习惯》
爱探究	1.《我喜欢书》 2.《幸福的种子》 3.《思维游戏绘本》 4.《水上小分队》 5.《陆上小分队》	1.《根本就不脏嘛》 2.《我绝对绝对不吃番茄》 3.《肚子里有个火车站》 4.《牙齿大街的新鲜事》 5.《这是我的》 6.《南瓜汤》 7.《不吃糖》 8.《不许吃蔬菜》 9.《艾特熊和赛娜鼠》 9.《一颗不想长大的蛋》	1.《勇气》 2.《和甘伯伯去游河》 3.《儿童人体百科》 4.《中国传统节日》 5.《遇见美好》 6.《仅仅是个梦》 7.《幸福的大桌子》 8.《糟糕，身上长条纹了》 9.《小狐狸阿权》 10.《世界动物绘本》
会合作	1.《小熊宝宝 14》 2.《大家一起玩更好玩》	1.《10 只小猴加油》 2.《可爱的鼠小弟》 3.《快乐的幼儿园》 4.《小黑鱼和他的朋友们》	1.《多多老板和森林婆婆》 2.《我的感觉》 3.《一起笑系列》 4.《石头汤》 5.《朱家故事》 6.《11 只猫做苦工》

d. "遵守规则" 专题教育内容

规则是社会保持有序、文明的重要标准。对规则的敬畏感，能够让人正确处理好人与自我、人与自然、人与社会这三者关系，它也是衡量一个人核心素养的重要标准。

幼儿应当尽可能避免出现以下行为，遵守社会规则，行为得体。

表 1-7　幼儿不当行为示例

序号	幼儿不当行为示例
1	来幼儿园的路上让大人抱着走
2	随地乱扔垃圾
3	肆意抽取餐巾纸
4	频繁使用一次性餐具
5	摘花，破坏绿化
6	用衣袖擦鼻涕，在衣裤上擦手
7	浪费食物
8	浪费水电
9	不会、不愿自己穿衣服
10	戴首饰，穿不方便的衣服上幼儿园
11	不和别人打招呼，说脏话
12	对着别人打喷嚏
13	未经同意乱拿别人的玩具

（续表）

序号	幼儿不当行为示例
14	随意走动，乱关门
15	随意打断别人的讲话
16	取笑比自己能力弱的同伴，盯着被批评的人看
17	乱穿马路
18	上幼儿园迟到
19	在楼梯上奔跑，做危险动作
20	在公共场合大声喧哗、吵闹
21	在马路边、交通工具上吃东西
22	吃东西故意发出声音，吧唧嘴
23	随意插队，排队时大声喧哗
24	听到国歌时故意捣乱
25	一遇到困难就哭着寻求大人的帮助
26	乱发脾气
27	每天熬夜晚睡
28	破坏、撕毁书籍
29	破坏公共秩序
30	事事依赖父母

e. "健康的心理"专题教育内容

"健康的心理"是幼儿绿色生活方式行为素养养成教育中的重要的情感内容，它包含爱、感恩、尊重、热爱生活等品质。一个对自己、对他人、对社会充满爱的幼儿，才会在生活中学会感恩、学会生活、学会合作、学会学习，才能够将绿色生活方式行为素养真正融入内心，并在行为上学会正确处理人与自我、人与社会、人与自然这三者的关系。这也是绿色生活方式行为素养养成教育的核心——让每一个孩子成就更好的自己。

② 预设幼儿绿色生活方式行为素养养成教育的实施

预设幼儿绿色生活方式行为素养养成教育实施主要体现在两个方面：预设日常生活行为习惯养成教育，预设主题化绿色生活方式行为素养养成教育。其中，预设日常生活行为习惯养成教育以幼儿日常的绿色生活方式行为习惯为内容进行预设教育，采取个别、小组、集体三种组织形式进行，以主题的形式有计划、有目的地开展系统的幼儿绿色生活方式行为素养养成教育。

A. 预设日常生活行为习惯养成教育

a. 实施方式

• 个别教育

个别教育是针对班级中个别幼儿日常生活行为习惯养成中存在的问题或需要开展的教育，便于教师更有针对性地帮助幼儿形成良好的日常生活行为习惯。

［案例］

我们班有个小男孩图图，他活泼聪明，上课认真听讲，但是他有个坏习惯——喜欢在坐着的时候把椅凳脚翘起来。

针对图图坐姿上的不良习惯，我几次告知他，他当时能改过来，但过后坐姿上的不良习惯又出现了。经过反思，我决定尝试运用后果认知的方法帮助图图改掉这个坏习惯。在图图玩娃娃家的时候，我特地过去找他，对他说："把你的宝宝给我照顾吧，我陪它玩翘板凳的游戏。"他好奇地把娃娃递给我。我把娃娃放在凳子上，握住椅子开始翘板凳。我一用力，"咣当"一声，椅子就倒了，娃娃也滚到了地上，图图明显被吓了一跳。这个时候，我轻轻扶起板凳，把娃娃塞到他怀里并问他："这个行为是不是很危险？"我认真地告诉他："幸好这次摔的是娃娃，万一你自己不小心从椅子上摔下来，会非常危险。"听我说完，图图抱着娃娃重重地点了点头。从此以后，他的小椅子再也没有翘起来过。

• 小组教育

小组教育是针对班级中部分幼儿日常生活行为习惯养成中存在的问题或需要，教师专门设计与开展的小组教育活动。在这一活动组织中，教师既关注小组幼儿共同的特点与需要，同时也关注到小组幼儿的个体差异。小组教育可以帮助教师更好地针对班级部分幼儿及个别幼儿的特点与需要，有效地培养其良好的日常生活行为习惯。

［案例］

每次带孩子到户外活动时，总有几个孩子喜欢抢占排头，喜欢插队。随着时间的推移，我发现，站队抢排头的孩子越来越多。例如，每次教师说排队出去的时候，欣欣总是第一个冲出去，就是为了能够第一时间抢占排头，如果没有抢占到排头，她的情绪马上就不好了。不仅是她，班里有好几个小朋友都有这种情况。

怎样改变这种现象，满足孩子们的心愿？我试着想了一个办法。一天，我特地找了些平时喜欢抢占排头的孩子，我对他们说："请把你们的小手伸出来。"孩子们高兴地伸出自己的小手，我走到他们身边，一一握一下他们的手，亲切地在他们的耳边说一句："你的小手真干净。"或者说："你的小手热乎乎的。"孩子们笑了，高兴地也在我耳边说一声："你的手也热乎乎的。"或者说："你的手和我妈妈的手一样大。""我爸爸的手比你的大。"随后，他们的脸上露出满足的表情。到正式站队时，孩子们个个忙着找位置，很快就站好了队，没有抢排头的现象了。

• 集体教育

集体教育是针对班级全体幼儿日常生活行为习惯养成中存在的问题或需要，教师专门设计与开展的全班教育活动。教师既可根据学期课程安排，也可根据全班幼儿当前日常生活行为习惯养成中存在的问题或需要进行组织。预设性集体教育有助于教师培养全班幼儿同步而有序地形成良好的日常生活行为习惯。

表1-8　预设日常生活行为习惯养成的集体教育课程安排

行为素养	生活活动	开展频率	时长
亲自然 能节俭 守规则 有礼貌 会合作 爱探究	照顾自然角	每天一次	10分钟
	谈话交流	每天若干次	/
	自主点心	每天两次	20分钟
	自行盥洗、如厕	每天若干次	/
	午餐、午睡	每天一次	180分钟
	散步	每天一次	20分钟

b. 教育策略

• 策略一：以问题或需要为内容。

幼儿日常良好的生活习惯具有日常性、易行性、实践性的特点，体现在幼儿一日生活中的吃、穿、住、行中。通过日常良好的生活习惯培养，不但能比较容易帮助幼儿解决日常行为习惯中的问题，养成良好的行为习惯，还可为其绿色生活方式行为素养的养成打下坚实的基础。

• 策略二：融合于幼儿日常生活中。

教育来源于生活，教育回归生活。幼儿绿色生活方式行为素养是在实践中逐步养成的，而实践性又恰恰是幼儿日常生活行为习惯养成最显著的特点。因此，日常生活行为习惯养成教育应贯穿于幼儿日常生活中，从实践中发现问题、解决问题。

［案例］

进入中班后，养成自己叠衣服的习惯非常重要。在集体教学活动中，我带领幼儿们学习儿歌《叠衣小能手》，在唱唱跳跳中初步感受叠衣服的快乐和重要性。午睡前，我带着幼儿一起叠衣服，边叠边念儿歌："弯弯弯，弯左手；弯弯弯，弯右手，点点头呀弯弯腰，咕噜咕噜变枕头。"刚开始，幼儿跟着我做，慢慢地，他们就学会并养成了自己叠衣服的好习惯。

• 策略三：要坚持不懈、持之以恒。

"少年若天成，习惯如自然"。幼儿行为习惯的培养不是一蹴而就的，只有通过反复提示、反复犯错、反复践行后，幼儿才能够对常规有一定的记忆并形成习惯。所以，教师需要时时监督与提醒。例如，培养幼儿良好的饮水习惯，要求能够做到渴了就喝，需要多少就喝多少，喝到自己不口干就可以。从人的自身需求来说，渴了就会喝水，不喝水也就代表着不口渴。但是对于小班幼儿来说，他们对自身的需求可能并没有那么敏感。我们曾经做过观察，在教师不提醒的情况下，小班中有一半以上的幼儿可以一整天不喝一口水。冬天幼儿用保温杯喝水，每次喝多少水没有办法直观地观察到，有些幼儿喝了几口后就把保温杯放回杯架。离园时，幼儿的水壶几乎都是满的。因此，我们需要让幼儿了解多喝水身体好，让其感受水与自己健康的关系，懂得每天要多喝水。教师可通过观察幼儿小便的次数和颜色来确定幼儿是否需要喝水，如小便颜色发黄，就应及时提醒幼儿多喝水；注意在运动前后、进餐前、午睡起床后适时为幼儿补充水分。教师要帮助幼儿了解一些饮水常识，如若感到自己的嘴唇发干就要多喝水；运动出汗后要多喝水；夏天出汗要多喝水；空调房间里干燥要多喝水；感冒发烧要多喝水；看到自己小便的颜色发黄时多喝水。在生活中培养幼儿良好的喝水习惯，除了提醒外，还需要教师的监督。

在培养良好行为习惯的过程中，因为幼儿的犯错次数太多，很多教师常常会不耐烦，这样会让判断能力与适应能力较弱的幼儿对幼儿园生活非常抵触。我们希望常规是井然有序的，这需要教师拥有井然有序的生活方式，不能自己办事杂乱无章，却要求幼儿简单明了。教师要从要求自己遵守常规开始培养幼儿的常规意识，应当具有爱心、耐心、责任心，帮助幼儿形成自律的行为。

B. 预设主题化幼儿绿色生活方式行为素养养成教育

依据绿色生活方式素养养成教育目标与内容，结合环境、节日、社区等综合因素，我们充分挖掘课程的内在资源，通过主题化的活动方式，有计划、系统地开展绿色生活方式行为素养养成教育，帮助幼儿提高认知、强化行为、激发情感，形成稳固的绿色生活方式行为素养。

a. 实施途径

• 基于问题跟进的主题化活动实施途径

基于共同问题，通过全园性、年级组、班级、家园等一体化教育，从而使幼儿绿色生活方式行为素养养成教育获得最大的效果。

［案例］

全园开展"旧衣回收"专题活动，确定了"能亲身参与旧衣回收，愿意探究并了解旧衣回收的不同途径，知道旧衣回收能够帮助别人，体验参与环保公益活动的乐趣。在旧衣改造的过程中，进行创造性的表达、表现"的活动目标。

活动开展分为两个层面。第一是园级层面，在幼儿园大厅里设置"旧衣回收箱"，并提供孩子们自己整理衣服的实践操作区域，每天都能看到有孩子和家长带着家里的旧衣服投放到幼儿园的回收箱里。第二是班级层面，根据班级孩子们的兴趣点和年龄特点，每个班级找到不同的切入点开展活动，有的班级的孩子们在家长、老师的带领下寻找身边的"旧衣回收箱"；有的班级孩子探究除了回收箱，还有什么不一样的回收途径，孩子们和家长发现还有居委会、实体店、网络平台、微信公众号等等回收途径；有的班级的孩子和爸爸妈妈一起整理衣物，清洗、熨烫、打包，并将其送进了旧衣回收箱，还在包装袋里写上了自己的祝福。不少大班的孩子还好奇旧衣服最后都去了哪里，探究为什么旧衣回收箱的入口设计的和普通垃圾桶不一样。更多班级的孩子和家长们一起进行了旧衣改造，改造的成品实用、美观，创意十足。孩子们还延伸出了"图书捐赠""玩具义卖"等更多体现节俭价值的活动。

"旧衣回收"专题活动让绿色生活方式行为素养养成教育更有意义：第一，幼儿在参与中，了解了绿色生活方式的丰富内涵，初步实现了从认知向行为的转变；第二，在幼儿创新实践中，教师积累了绿色生活方式行为素养养成优秀课例及活动方案，逐步丰富了幼儿园特色课程的内容；第三，通过幼儿专题活动，深化了家园合作，进一步加强了幼儿园、家庭、社区间的联动与辐射。

• 根据节日、环境日等开展的每月专题教育活动

中国传统节日活动、环境日活动，这些都是幼儿园开展绿色生活方式行为素养养成教育的重要途径。如何科学有效地把握节日、环境日等内涵，充分挖掘节日、环境日的核心价值，并有针对性地实施专题活动，这是我们实施绿色生活方式行为素养养成教育需要思考的问题。我园根据绿色生活方式行为素养养成教育的内容，结合每年固定的节日，在整体梳理与思考中，专门制订了绿色生活方式行为素养养成专题教育的特色月活动，如 3 月是"爱绿月"活动、4 月是"关爱月"活动、5 月是"安全月"活动、6 月是"环境月"活动、9 月是"绿色出行月"活动、10 月是"感恩月"活动、11 月是"运动月"活动、12 月是"梦想月"活动。

我们依据绿色生活方式行为素养养成教育的六大核心素养，充分利用资源，有效落实了专题活动。例如，3 月 12 日是植树节，春天万物苏醒，如何依据不同年龄段开展"亲自然"系列主题活动，让孩子们在"爱绿月"活动中获得绿色生活方式行为素养的养成呢？我们以创设与更新班级自然角为切入口，开始了"爱绿月"活动。在教师带领下，孩子们去小菜园翻土、播种，给小树浇浇水，与小花合个影，感受春天万物苏醒的勃勃生机；大家合作共同探究"春种"，自己尝试在小花盆中播散一颗种子，做一份植物的观察记录表，安排值日生负责浇水……

［案例］

早春三月，冬天的寒意还未褪尽，春天带着绿色的气息向我们走来，春风吹绿了枝头上的嫩芽，吹绿了地上的小草，也吹动了孩子们播种的热情。

为了让孩子们亲身体验劳动的乐趣，增强人与自然和谐共处的意识，感受自然环境的美好，我计划于 3 月 12 日开展"我是菜地小卫士"活动。活动方案安排了以下主要内容：孩子们将种植园地中的杂草一一拔除，并在保育员的帮助下，亲手播种在春季容易生长的蔬菜种子，如茄子、辣椒、小青菜。

在植树节当天，我和孩子们带着用废旧纸板箱制作的废物篮一起来到了小菜园除草，这时鑫鑫不解地问："老师，小草不也是绿色的吗？为什么我们要拔掉呢？"二宝说："我奶奶以前种过菜，她说菜地里的草不拔掉，它们就会

跟菜争营养，这样菜就长不好了。"我微笑着点点头，说："说得真好，菜地里的草是杂草，我们拔掉它们就是为了让菜长得更好。""哦，原来是这样呀！"孩子们听明白后继续拔草。不一会，只见乐乐朝我跑过来，大声地说："老师，不好啦，瑶瑶拔小草的时候把菜也拔掉了，你快去看。"我顺着他手指的方向一看，只见瑶瑶手里拿着一大把混在一起的草和菜。瑶瑶委屈地对我说："老师，我分不清哪些是菜，哪些是草，所以全拔下来了。"原来是这样，我问小朋友："谁能来帮助瑶瑶来区分草和菜？"小朋友们纷纷举起了手，大家七嘴八舌地议论起来……"你们看，左手是草，还是右手是草？"我举着瑶瑶的手，试图让小朋友通过仔细观察来分享经验。最后，孩子们互相约定：今天回家后再去问问爸爸妈妈，或者到网上去找图片，明天把自己的记录带到班级里来，看看大家的发现是不是一致的。

这个下午虽然很累，但孩子们却很开心，一张张小脸儿红通通的，洋溢着笑容，仿佛花开的模样。

在"爱绿月"活动中，孩子们了解了植物，尝试了废弃物改造，学会了与同伴一起合作以及照顾植物的方法，建立了班级自然角公约等。每月不同内容的分享活动，让孩子们更愿意亲近自然、亲近社会，并在分享与交流中，学会了爱、感恩、珍惜与分享，从而有效地提升了绿色生活方式行为素养的养成。

• 根据日常生活中的"自我保健"开展主题教育活动

在孩子的成长中，良好的动手能力起到了至关重要的作用。作为基础教育中的启蒙教育，学前教育应该为幼儿一生的发展打下基础。我们在开展绿色生活方式行为素养养成教育中，始终将日常生活中孩子的动手能力、自我服务能力作为重要的养成内容，并组织开展相应的主题教育活动。

• 根据"阅读"开展主题教育活动

早期阅读是幼儿认识世界、解释世界、融入社会、发展自我的重要过程。我们将绿色生活方式行为素养养成教育与阅读结合起来，建构了"绿色同阅"课程的读一读、编一编、演一演三个实施过程。通过多形式、多途径的阅读活动，逐步提升幼儿的绿色生活方式行为素养的养成。

[案例]

在开展"绿色同阅"课程初期，课程组便制订了翔实的活动方案，并按幼儿的年龄特点列出了推荐绘本一览表。这些绘本通俗易懂，生动活泼，语言浅显，情节有趣，易于被幼儿理解和接受，深受幼儿喜爱。例如，在绘本《11只猫做苦工》的阅读过程中，孩子们了解到遵守规则的重要；《加油，鸡蛋哥哥》绘本鼓励孩子与他人交往，乐意帮助别人；《我的情绪小怪兽》教会孩子尝试调节自己的情绪，不乱发脾气；《这片草地真美丽》里的汀汀作为城市人的代表，他渴望田园生活，渴望接近大自然。从阅读活动中，孩子们读到了自然界的千变万化，读懂了环境与我们生活的关系。

通过之前的阅读，哪些是自己班级孩子喜欢的，适合孩子表现的，教师们已经了然于胸。接着要做的就是，根据课程方案目标，选择适合的绘本，进行创编或改编。

绘本《月亮的味道》中，小动物们为了吃到天上的月亮，在叠加的过程中获得成就感，而那个意外的结局又能让孩子们打开想象的天窗。中四班的教师对故事情节进行了改编，重点体现同伴间的互帮互爱，让孩子的眼中多了一份对朋友的关心。中五班冉冉、超超、希希、琪琪等几位小朋友的妈妈集思广益，创编了《我也可以飞》童话剧。这个简单到极点却又能给孩子带来自信和力量的故事告诉我们：只有不断尝试，才有可能无限接近成功。中二班的剧情生发于"无车日"谈话活动，大家将卡通人物喜羊羊、美羊羊、光头强、图图、小怪以及白雪公主和七个小矮人串联起来，完成了一个提倡低碳环保、绿色出行的故事。在进行改编和创编的过程中，幼儿绿色生活方式行为素养养成教育的理念一次次被解读、被理解、被认同，根植于所有人的心中。

有了前期读一读、编一编环节的铺垫，"亲子童话剧演一演"活动开展得非常成功，得到了家长的大力配合与支持。中九班的童话剧《森林爷爷》巧妙地将全班孩子打扮成森林里的小树，和"森林爷爷"一起与四位爸爸扮演的风魔王、雨魔王、旱魔王、伐木工人进行较量。这部童话剧给我们的启示是：森林是人类的朋友，只有我们与森林和平共处，一起保护环境、保护地球，才能保护我们共同的家园。中七班彤彤妈妈整合绘本《这是什么队列》《热带草原上的伙伴们》，带领孩子们上演了奇特的音乐会，大大小小的塑料水桶、塑料瓶、椰奶罐等废旧材料做成的道具让活动精彩纷呈。

童话剧进入孩子的视野后，他们的语言表达、社会性交往有了很大提高，并促进了他们绿色生活方式行为素养的养成，如他们主动将表演活动中获得的积极体验和经验迁移到生活中，坚持走路上幼儿园，主动收集废旧物品并变废为宝，关爱他人，遇到困难想办法解决等。

• 根据"健全的人格心理"开展主题教育活动

我园根据幼儿年龄特点和身心发展需要，将"健全的人格和心理"培养融合在一日活动中，并借助各类集体活动、亲子活动、生活活动等活动开展。

b. 实施策略

在开展主题化绿色生活方式行为素养养成教育中，教师根据幼儿绿色生活方式行为素养养成教育目标以及当下存在的共性问题，发起系列的预设主题教育。在指导开展主题教育时，注重结合热点问题，激发幼儿兴趣，帮助幼儿养成好习惯。在具体实施操作中，教师着重把握好以下实施要点：

• 按照不同年龄段孩子的特点，选择适宜的活动组织形式与方法

不同年龄的孩子，其认识水平、行为能力和兴趣指向都有着明显的年龄差异。我园在开展主题化绿色生活方式行为素养养成教育中，注意根据不同年龄段孩子的特点及幼儿的个性特点培养幼儿绿色生活方式行为素养。

* 小班幼儿"自带水壶"

通过观察保温桶，我们发现，教师无法真正地了解孩子每日的饮水情况。为了更清晰地了解每一个孩子的饮水情况，"自带水壶"成了幼儿园饮水习惯养成的一个切入点。我们让每个幼儿自带一个保温水壶，教师、家长相互配合，共同指导与帮助孩子学会自主饮水。每天，孩子们背着一个小水壶自信地走进幼儿园。在一日活动中，通过每天要喝完带来的水壶中的水的要求，让每一个幼儿明确自己的任务。每日离园前的小水壶检查，"我今天加水了吗？"的记录，

都无声地提醒孩子要学会主动喝白开水的好习惯。通过"自带水壶"的实践，我们欣喜地看到一个小的改变带来了大成效。小小的水壶体现了家长、教师、保育员对每一个孩子个体的了解。教师体验到教育方式转变所带来的幼儿自理能力的提升。

* 中班幼儿"自主盛饭，自制食物"

"凡是幼儿自己能做的，应当让他自己做"，这一宗旨在中班"自主盛饭，自制食物"的试点中得到贯彻执行。每天中午，孩子们根据需要从自己小组的大饭盆里自主盛饭，吃多少盛多少，小组成员们有谦让、有合作，孩子们会互相帮忙递勺子、推饭盆，用餐氛围特别好，孩子们都说"自己盛的饭更好吃"，教师们也发现孩子们的胃口打开了。"自主盛饭"活动也延伸到家庭里，孩子们在家中不仅给自己盛饭，还主动给爸爸妈妈、爷爷奶奶盛饭。结合时令、节日开展的每月一次的"自制食物"也是孩子们最期待的活动，外出社会实践自制汉堡，幼儿园里做南瓜饼、汤圆、八宝饭……每一次的自制食物都充分体现了自己的事情自己做的宗旨。

* 大班幼儿"自主盛饭菜，不定期帮厨，自制食物，吃自助餐"

大班的孩子除了每天自主盛饭，每周一还会同时开展自主盛菜活动。孩子们端着自己的餐盆盛饭、盛菜，井然有序，自主自立。每月一次的"自助餐"活动中，菜品更丰富，餐桌的布置、餐具的摆放、菜品的摆放都离不开孩子的参与，孩子们的自主行为得到更大的发展。除了"自主盛饭菜""吃自助餐""自制食物"等常规活动，大班的孩子还会和厨房的叔叔阿姨约好时间开展帮厨活动，帮阿姨剥毛豆、剥笋等，个个都是得力助手。

用教育的智慧呵护幼儿的情感。专题活动既要尊重幼儿的兴趣，又要在基于幼儿当下共性问题进行整体设计，让幼儿的体验更真实、更有效。

· 根据幼儿的个体差异，采用不同的方式给予指导

教育是面向人的活动。绿色生活方式行为素养的养成需要教育者根据教育对象的不同特点，有针对性地开展教育活动。个体差异的研究一直是心理学、教育学中的热点话题，幼儿的学习动机、行为动机、个性特点、兴趣爱好、价值观等的

差异都对绿色生活方式行为素养的养成产生影响，这就需要教师尊重幼儿的特点，关注幼儿的个体差异，有的放矢、因势利导地进行教育。

［案例］

有一次午饭，宁宁不停地用筷子刮碗，想把饭扒进嘴里，发出了很大的响声。旁边的琦琦觉得好玩，也学着他的方法开始吃饭。当时，我并没有马上制止，反而表扬了同桌另一位女孩："原来像心心这样安安静静地吃饭也可以吃得很快哦。"随即，其他幼儿也跟着效仿，连宁宁吃饭也不出声了。表扬一名幼儿，为其他幼儿提供了具体的行为榜样，不但让幼儿掌握了正确的方法，也有效地提高了他们的规则意识。除了平时多捕捉生活中的教育契机，我还在班级开设了"好习惯之星"的评比，让每个幼儿都来夸夸自己或者身边人守规则的榜样事件，如是否能保管好自己的物品，按时睡觉，正确洗手，爱护校园内各种公共设施，等等。捕捉孩子生活中的好人好事并及时进行宣传，让受到同伴和教师表扬的孩子为自己做的事发自内心地感到自豪，从而形成正面的引导。同时，每周被评上"好习惯之星"的幼儿能获得运动时领操的机会等奖励。

寻找更加适合幼儿的教育方式，让绿色生活方式行为素养养成教育更有成效。

• 捕捉幼儿的兴趣，不断追随幼儿、帮助幼儿

生活中的许多内容都属于绿色生活方式行为素养养成教育的范畴。在具体实施中，教师需要捕捉幼儿的兴趣，并依据幼儿的关注点，不断追随幼儿、帮助幼儿，不断给予幼儿时间、空间、环境和材料的支持，让孩子们在不断深入的探究中获得新经验，满足自己的好奇心。在这个过程中，成人的帮助、同伴间的互助、教师的鼓励能够帮助幼儿获得亲自然的知识、经验和方法，同时也给予幼儿极大的精神愉悦和满足感，懂得关心自然，保护环境，热爱劳动。

［案例］

每日饭后，孩子们都会在教师带领下在校园散步。最近天气开始慢慢地热了，出去散步时常会看到粉红的花开了，大红的花含苞了，黄色的花吐蕊

了……各种花卉竞相争艳。孩子们时常会问："老师，这是什么花？""这个花叫什么名字啊？"渐渐地，提问的小朋友越来越多，从以前的匆匆而过，到现在留步观赏，对花感兴趣的小朋友增多了。

小麒突然指着结了小果子的一种植物问："这个是什么花呢？下面那个绿色的是什么花呢？是灯笼花吗？"平日里大大咧咧的小家伙竟然一股脑儿来了个三连问！我刚想用手机查询是什么花，突然想到，这不正是激发幼儿自主探究的好机会嘛！"哎呀，我也不知道哎！谁能帮帮我？"主动示弱能激发孩子们的探究愿望。"好像是……石榴花，我奶奶告诉过我。"囡囡吞吞吐吐。我连忙鼓励她："你的奶奶真厉害！那你今天回去的时候再问问她，明天再把答案告诉大家，好吗？"虽然我把这个为大家寻找答案的任务貌似交给了囡囡，但实际上，我下班后到图书室找来几本关于花卉植物的书籍，还在百度上找了一些相关的图片打印出来。

正如我所料，第二天带来答案的不止囡囡一个人，好多孩子一早来园就迫不及待地告诉大家昨天看到的花就是石榴花。教室里，孩子们收集来的花卉图片、照片渐渐地形成了一道风景，孩子们议论着："打开石榴，里面就是一颗一颗像宝石一样的红色果子。""我吃过石榴的。""我最喜欢吃石榴啦。你知道石榴的种子在哪里吗？""当然知道。那你知道草莓的种子在哪里吗……"

这真是一次意外的收获。

活动结束后，很多孩子对树的变化观察得越来越仔细，会发现芭蕉树的小芭蕉长出来了，会发现石榴从一朵小花到结出果实，孩子们更加愿意亲近大自然了。

（2）生成性课程中开展绿色生活方式行为素养养成教育

在幼儿绿色生活方式行为素养养成教育中，如果将预设性课程界定为一种固定有形的教育，那么，生成性课程就是一种无形随机的教育，可以发生于任一场所与空间中，任一事件与活动中。在确信具有教育价值时，教师可以随时随地发起教育行动，利用各种有益的资源、事件，对幼儿进行随机而有效的绿色生活方式行为素养养成教育。

① 丰富的生成性课程活动

生活即教育，生活即课程。幼儿绿色生活方式行为素养养成与幼儿整个生活密切关联，无处不在。在绿色生活方式行为素养养成教育中，我们需要注意与捕捉每一次可能的机会，借用多样的教育资源，通过各种不同的方式，开展生成性课程活动。

A. 角色游戏中生成活动

角色游戏是幼儿最喜欢的活动形式之一，角色游戏中的"娃娃家"主题贴近幼儿生活，是幼儿乐此不疲的主题内容。通过"娃娃家"活动，教师可以生成绿色生活方式行为素养养成教育的内容。譬如，为了培养幼儿节俭的意识，教师在角色游戏环境创设、材料投放中，提供了幼儿熟悉并可以使用的废弃材料，如各种各样的食品盒、瓶子等。在游戏中，幼儿可以通过自己的想象，尝试将废弃物变成自己需要的游戏材料。

通过角色游戏，教师也会发现许多问题。例如，在"娃娃家""菜场""水果店""超市"等游戏中，幼儿玩得不亦乐乎，"娃娃家"的客人非常多，幼儿总喜欢不停地买买买，他们总想一口气买下自己想要的所有物品；"娃娃家"的桌子上堆满了物品，地上也散落着许多的食物……看到这个场景，教师在分享环节组织幼儿讨论："你今天买了多少食物？你关注食品的保质期了吗……"通过分享与讨论，孩子们获得了健康饮食的认知。游戏后，教师通过投放图书，开展"健康饮食"系列活动，不断激发幼儿探究的兴趣。通过了解食物的名称、食物金字塔、食物从哪里来等活动，幼儿体验到了食物的来之不易，懂得要珍惜食物，不能浪费；通过食物摆盘欣赏，幼儿感受到了食育之美，更认识到了整洁有序对生活多么有意义。

B. "小小看新闻"生成活动

生活中处处皆教育的资源，关键是需要有一双发现的眼睛。教师需要有一双善于思考与发现的眼睛，及时捕捉孩子们感兴趣的话题，通过讨论与分享，帮助幼儿建立正确的认识。"小小看新闻"是孩子们感兴趣的活动，每天午餐前，教师都会组织孩子们讲新闻，帮助幼儿了解世界、了解社会、了解在我们身边发生的事件。例如，天下新闻，无奇不有。有一天，某市高架桥倒塌的新闻成了许多幼儿关注的热点。于是，教师生成了针对交通安全、遵守规则、保护生命的讨论活动，帮助幼儿形成对规则的敬畏，对生命的珍惜，对社会的关爱。再如，"天气预报"活动，幼儿会讨论今天温度几度？是否下雨？空气指数怎么样？适合做什么事情？教师通过鼓励、引导，让孩子们关注自然、关注社会，并感知天气与人们生活的关系。譬如，连着几天的小雨，教师说："天天下雨，我的心情也不好了，怎么让我心情好一点？"有的幼儿说："想开心的事情。"有的幼儿说："后天就不下雨了，我看了一周的天气预报……"在这样一个互动的过程中，不仅促进了幼儿绿色生活方式行为素养的养成，同时在每一天的学习、探究、准备与分享中，培养了幼儿每天看新闻的好习惯。

C. 生活场景生成活动

在日常生活中，教师根据幼儿存在的问题，有针对地通过即时教育，帮助幼儿巩固新经验，获得新方法。譬如，上下楼梯时，总有孩子出于调皮不遵守规则，于是，教师采用"小脚印标示法"，指导幼儿学会靠右边走；洗手时，一些幼儿洗手方法不规范，教师利用"七步洗手法"图片，帮助幼儿学会正确洗手。教师通过行为强化、问题改进、情感激励，不断纠正幼儿不适宜的行为，帮助幼儿养成绿色生活方式行为素养。

D. 预设活动后讨论生成后续教育活动

在绘本阅读预设活动中，当教师和孩子们一起去共读一本与绿色生活相关的绘本时，有的幼儿对内容感兴趣，有的对其中的一句话感兴趣。于是，针对幼儿感兴趣的内容，教师在表演游戏中生成童话剧表演活动，让幼儿在说说演演中获得新经验，发展综合能力。当孩子积累了一定的童话剧表演经验后，我园生成了"六一"童话剧展演活动。又如，教学预设活动"循环再利用"，通过对垃圾分类的讨论，生成了"变废为宝制作活动""亲子制作活动""环保时装秀""玩具义卖会"等活动。

② 实践方式

A. 榜样示范

绿色生活方式行为素养在不同幼儿间存在着明显的差异。例如，洗手的时候，有的幼儿把水开得很大，有的幼儿开得够用就好。当发现幼儿生活习惯的问题时，教师通过榜样示范，引发个体情感认同，主动改掉不良生活习惯。

B. 后果体验

幼儿年龄小，无法理解个体与自我、社会、自然三者间相互关联的关系。因此，用后果体验对幼儿情感的触动更大、更直接、更有效。例如，从交通事故中，幼儿感受遵守交通规则的重要；从打喷嚏不捂住鼻子中，幼儿感受传染病给别人带来的伤害；从干旱缺水的图片中，幼儿感受保护环境、节约用水的意义；从一张纸生产的过程中，幼儿感知节能的意义；从许多人大声说话中，幼儿感知噪音带来的干扰……体验没有建立绿色生活方式行为素养所带来的后果，能培养幼儿做一个文明的绿色生活行动者。

C. 情景再现

情景再现即有目的地引导或创设有清晰色彩的、形象生动的场景，有效引发幼儿的情感认同，在自我反思、自我碰撞中，形成新经验。例如，"地球一小时"活动，通过多媒体情景再现，让幼儿直接感受保护地球的重要性。通过情景再现，让幼儿有所知、有所得、有所思、有所悟，才能够真正地打动幼儿的内心，促进绿色生活方式行为素养的养成。

D. 互相讨论

我园经常通过互相讨论的方式，让幼儿在思维碰撞中习得绿色生活新经验。例如，教师先让孩子们说说通过何种方式来幼儿园，有的乘车，有的走路，有的坐自行车、电动车，有的乘公交，再让孩子们讨论哪个方式更好，记录统计好后数数有多少是乘私家车的，多少是自己走路的，多少是坐公交的。在共同的讨论中，教师引导幼儿说说各自的理由，明白哪些是绿色出行。另外，还可以让幼儿说说上幼儿园的心情，有没有和保安打招呼，路上有没有遇到好朋友等。通过对生活情景的讨论，有效地推动绿色生活方式行为素养的养成。

③ 实施策略

A. **善于捕捉教育契机**

在日常生活中，教师需善于发现幼儿的即时行为中可能的问题，捕捉各种有价值的教育契机，并不失时机地进行各种回应。为此，我们一方面帮助教师加深了解生成性课程活动对幼儿绿色生活方式行为素养养成的意义，提高开展生成性课程活动的意识与自觉；另一方面帮助教师提高自身的业务素养，主要包括对幼儿绿色生活方式行为素养培养目标的理解内化，对班级幼儿的观察能力的提升及生成性课程经验的积累。例如，我园从各个途径让每位教师都清晰地知晓幼儿绿色生活方式行为素养养成教育的具体内容，并通过对六大行为素养的梳理，让教师有意识、有计划、有目的地实施绿色生活方式行为素养养成教育。

B. 发挥幼儿的主体地位

生成性课程要尊重幼儿在活动中的主体地位，遵循儿童的自然本性。在生成性课程开展过程中，把活动内容的选择，活动方式的选择，活动的具体实施都交给孩子，真正体现陈鹤琴先生所提出的"凡儿童自己能做的事，应该让他们自己做"的理念，让孩子成为课程的真正主人。绿色生活方式行为素养养成教育关键在于调动个体在绿色生活方式行为上的主体性。幼儿间本身存在着个体差异，绿色生活方式行为素养又受到环境、社会价值观、家庭文化、生活习惯等诸多方面的影响，统一的预设性教育根本无法达到理想的效果。因此，充分发挥幼儿主体性，对于生成性课程实施起到了至关重要的作用。因此，教师必须不断更新自己的教育理念，实施科学、适切、符合幼儿发展内涵的教育，才能够保证幼儿绿色生活方式行为素养的养成。在具体实践中，需注意以下策略：

a. 以幼儿的兴趣为出发点

生成性课程要基于幼儿的兴趣。在课程开发中，教师要根据幼儿的行为反应做出相应的调整。幼儿本身具有一定的好奇心，喜欢探索，生活中的新鲜事物能够更好地激发幼儿的学习兴趣。教师在教育教学中要注重抓住幼儿发展的特点，更好地促进幼儿主体性的发展。幼儿的教育过程是一个系统的过程，需要幼儿园、家长和社会相互配合。幼儿园是幼儿生活的主要场所，幼儿教师自身的教育观念、教育方式等都在一定程度上影响到幼儿的主体性发展。为此，幼儿教师要能够做到转变自身教育观念，真正从幼儿的兴趣点出发生成课程，为幼儿主体性的发展提供一定的保障。作为幼儿学习的组织者和引导者，教师要及时捕捉幼儿的兴趣，并对幼儿的兴趣进行拓展，对捕捉的资源进行价值判断，以此作为生成性课程的素材。

b. 注重环境创设

环境是一种隐性的课程，是开展教育的背景，也是对幼儿进行教育的手段，丰富、健康的生活环境能够促进幼儿的和谐发展。环境创设不仅要注重给予幼儿视觉上的享受，还要让幼儿能够自主讨论，以此引导幼儿积极参与到环境的创设中。幼儿教育不仅要关注物质环境的创设，还要为幼儿创设良好的课堂氛围，提供温馨的精神环境。

c. 结合生活经验

课程的生成不仅仅受到师生之间互动的影响，还受到家长、环境、同伴的影响。幼儿教师可以利用多样化的资源，结合日常生活开展实践活动，通过让幼儿参与，帮助幼儿积累生活经验。由于幼儿更加容易接受形象生动的事物，所以教育活动要与幼儿实际生活相关联，引导幼儿对实际生活进行观察，积累生活经验，以此促进课程的生成。

C. 提高捕捉教育事件的能力

与预设性课程相比，生成性课程具有突发性。一位优秀的教师应该有捕捉教育事件的能力，敏锐地察觉事件中的教育意义，因势利导，充分利用多方面环境资源条件，引发相应的活动，使生成性课程产生最大的教育效应。在生成性课程中，教师要及时对涉及的绿色课程素材进行感知、判断，尊重幼儿的年龄特点，进行动态教学，才能有效落实绿色生活方式行为素养养成教育。

2. 融合生活、学习、游戏、运动活动中的绿色生活方式行为素养养成教育

《上海市学前教育课程指南（试行）》将幼儿园一日活动中的主要活动归为四类，即生活、运动、学习、游戏。幼儿绿色生活方式行为素养养成教育以生活、运动、学习和游戏为主要的实施途径。

（1）生活活动中的幼儿绿色生活方式行为素养养成教育

生活活动主要指生活自理、交往礼仪、自我保护、环境卫生、生活规则等方面的活动，旨在让幼儿在真实的生活情境中自主、自觉地发展各种生活自理能力，形成健康的生活习惯和文明的交往行为，在共同的生活中能够愉快、安全、健康地成长。依据生活活动的发展目标，我们通过环境熏陶、交流分享、情境体验等方式，在幼儿一日活动各环节渗透绿色生活方式行为素养养成教育，引导幼儿养成良好的行为习惯，并能持之以恒。

① 生活自理中的绿色生活方式行为素养养成教育

A. 指导幼儿养成起居、进餐、盥洗及整理物品的好习惯。

B. 指导幼儿学会自己进餐、穿脱衣物、盥洗、如厕，自主有序。

② 交往礼仪中的绿色生活方式行为素养养成教育

A. 指导幼儿学习礼貌招呼、大方应答，行为举止文明。

B. 指导幼儿掌握分享、协商、合作、沟通等交往技能。

C. 指导幼儿学习表达家庭亲情、师生情、同伴情。

③ 自我保护中的绿色生活方式行为素养养成教育

A. 指导幼儿大胆表达自己的生理需要、情感需要。

B. 指导幼儿学会安全使用物品、避开危险、简单的求救与自助的方法。

C. 指导幼儿掌握饮食、饮水、睡眠、排泄等健康常识。

④ 环境卫生中的绿色生活方式行为素养养成教育

A. 指导幼儿进行打扫卫生、帮厨、种植、饲养、整理物品、值日等简单劳动。

B. 指导幼儿掌握个人卫生、疾病预防卫生常识。

⑤ 生活规则中的绿色生活方式行为素养养成教育

A. 指导幼儿学习遵守集体生活常规、公共卫生规范。

B. 指导幼儿学习认同自己、认同他人，并会合理地进行情绪宣泄。

（2）运动活动中的幼儿绿色生活方式行为素养养成教育

运动旨在提高幼儿身体素质、动作协调能力和适应环境的能力，为幼儿健康的体质奠定基础。运动活动是促进身体机能各方面协调发展，培养幼儿勇敢、合作、坚持等意志品质的重要途径。幼儿在运动中不仅能够强健身体，激发生命活力，锻炼意志品质，还能够在与同伴合作、建立规则、实现目标的过程中，有效提升绿色生活方式行为素养。幼儿在大自然中奔跑、跳跃、玩耍，可以强身健体；在将生活中废弃物变成运动的材料中，学会低碳环保；和同伴一起合作探究，共同实现目标中，体会合作的快乐。各种有趣的运动活动激发了幼儿的运动兴趣，锻炼了幼儿的运动能力，培养了幼儿的运动品质，进而促进绿色生活方式行为素养的养成。

在组织指导幼儿进行各种户外运动的过程中，我们依据运动的发展目标，在各种运动项目中渗透绿色生活方式行为素养养成教育，指导幼儿养成良好的行为习惯。

① 体操项目中的绿色生活方式行为素养养成教育

A. 在动作模仿操中，指导幼儿通过用动作模仿周围事物的形态和动作特征，增加其对动植物的认识与情感。

B. 在走、跑、跳、踢、转、抛接、投、拍、推拉、悬、团身、滚动、钻、攀爬、平衡等动作中，指导幼儿大胆探索各种运动方式，体验肢体动作的各种可能性。

C. 在各种运动项目中，指导幼儿学会控制自己的动作和行为，有一定的安全意识，学习自我保护的方法。

② 器械类活动中的绿色生活方式行为素养养成教育

A. 在借助各种器械（球、绳、圈、积木、管道、轮胎、毽子、陀螺、童车、滑板、平衡台、羊角球、滑梯、秋千等）进行的运动中，指导幼儿探索尝试新的材料和新的玩法。

B. 在各种运动活动中，指导幼儿遵守活动规则，按要求对信号作出快速反应。

③ 园外运动活动中的绿色生活方式行为素养养成教育

A. 在远足、负重、爬山、游泳、溜冰、玩沙、玩水、玩冰、玩雪活动中，指导幼儿在大自然中锻炼身体，探索尝试新奇、有野趣的环境和活动。

B. 在野外活动时，指导幼儿不远离成人，对危险的事情能及时作出反应。

（3）学习活动中的幼儿绿色生活方式行为素养养成教育

学习活动主要指讨论、阅读、听赏、制作、表演、实地参观、收集信息等活动，旨在激发幼儿主动探索，积极体验，使幼儿在认知能力和态度上不断进步，为后续学习打下基础。依据学习活动的发展目标，我们通过创设开放自由的情境，提供多种材料，鼓励小组探究等方式，为幼儿学习能力的培养和提高提供条件。

① 科学探索活动中的绿色生活方式行为素养养成教育

A. 在探索学习活动中，指导幼儿尝试用各种感官主动感知周围事物的特征，比较事物的异同，发现事物之间的关系，增加对动植物的特征与规律的认识。

B. 在探索自然活动中，指导幼儿亲近大自然，有观察、探索周围事物与现象变化与发展的兴趣，初步了解人与自然的关系。

C. 在探索自我身体活动中，指导幼儿了解自己的身体特征及成长中的变化和需要，比较自己与他人的不同，体验成长的快乐。

② 社会活动中的绿色生活方式行为素养养成教育

A. 在社会交往活动中，指导幼儿接触、了解周围生活环境中的人、事、物，感受科技成果对生活的影响，理解并遵守社会生活中基本的行为规范。

B. 在社会文化活动中，指导幼儿认识传统文化、民间习俗、人文景观等，并学会尊重历史传统与其他民族的文化。

C. 在各种社会活动中，指导幼儿尝试多途径收集信息、物品与材料，乐意交流和分享。

③ 文学艺术活动中的绿色生活方式行为素养养成教育

A. 在文学作品学习中，指导幼儿学习欣赏、感受祖国文化的丰富性，培养爱家乡、爱祖国的情感。

B. 在艺术作品学习与创作中，指导幼儿养成"亲自然、有礼貌、能节俭、守规则、会合作、爱探究"的绿色生活方式行为素养。

C. 在学习语言的过程中，指导幼儿用语言大胆地与人交流，注意倾听，理解日常用语，理解与接受他人的表达方式，爱看图画书，对图画书及其他媒体上出现的文字萌发兴趣。

［案例］

蚕宝宝引发了孩子极大的好奇心。在每天的观察中，孩子总有不同的发现，"这是什么呀？""蚕宝宝怎么有点像毛毛虫啊？""它们吃的是树叶吗？""蚕宝宝会吐丝的，蚕宝宝什么时候吐丝呀？""它们是不是会变成蝴蝶？""它的尾巴后面怎么会有一根'小刺'？"……还有几个胆大的孩子时不时地伸手去抓蚕宝宝，和蚕宝宝来个亲密接触。

捕捉到这个教育契机，我及时引导幼儿。例如，带孩子观察蚕宝宝的爬行活动后，我们在教室的地面上也来学学蚕宝宝爬行，孩子们兴趣高涨，亲身体验蚕宝宝爬行的动作；借助网络和书籍，孩子们了解到更多关于蚕宝宝的生理结构的知识。当有的孩子采来不同的桑叶时，我就带领孩子们认识桑叶。在观察桑叶、清洗桑叶的过程中，幼儿学着区分桑叶与其他树叶的不同，还特意选出一些嫩桑叶来给蚕宝宝吃。

这样的活动是孩子自发生成的，因此他们特别感兴趣。饲养蚕宝宝需要的盒子是幼儿陆续带来的；一些有趣的发现，幼儿会用自己的方式记录下来；相关的资料、图片和书籍也主要是幼儿从家里带来的……饲养蚕宝宝的过程使幼儿更加热爱动植物，热爱我们的绿色生活。

（4）游戏活动中的幼儿绿色生活方式行为素养养成教育

游戏活动指幼儿自发、自主、自由的活动。游戏活动对幼儿发展有重要的价值，能发展幼儿的想象力、创造力和交往合作能力，促进幼儿情感、个性健康地发展。依据游戏的发展目标，我们利用游戏情境、动态的游戏区域、专题活动等方式，促进幼儿绿色生活方式行为素养的养成。

A. 游戏情境中培养幼儿的绿色生活方式行为素养

要发展幼儿的想象力、创造力和交往合作能力等，首先要引导幼儿掌握一定的技能，这些技能的习得需要有相适应的情境作为基础条件。比如，教师创设"娃娃家"情境，启发幼儿回忆爸爸妈妈带自己去别人家做客时是怎样与主人交流的，引导幼儿在扮演爸爸妈妈的过程中学习与人打招呼、招待客人等行为。

B. 动态的游戏区域中培养幼儿的绿色生活方式行为素养

在游戏中，我们可大胆地利用走廊、衣帽间等，构建动态的游戏区域，扩展游戏空间。幼儿可根据自己的意愿选择游戏空间、游戏主题、游戏材料、游戏玩伴，在自由愉快的情绪下生理、心理得到健康发展。

C. 专题活动中培养幼儿的绿色生活方式行为素养

结合环保日或节庆日,我园组织全园活动、大带小活动、亲子活动等,将游戏活动对幼儿发展的价值巧妙融入其中。比如,在大带小活动中,中大班的哥哥姐姐会认真地领着弟弟妹妹,教他们游戏的方法,照顾他们的安全,保管好游戏成果。

[案例]

每学期的开学愉快周活动,都少不了大带小活动。这次的大带小游园活动正如火如荼进行着……能干的大班哥哥姐姐早已蓄势待发,他们来到小班,落落大方地邀请弟弟妹妹和自己一起去玩。

"你叫什么名字?我们一起去玩好吗?"圆圆试图要去拉小弟弟的手。小弟弟连忙把小手藏在背后,抿着嘴巴,睁着大眼睛看着她。"老师……"圆圆转头,想请求外援。老师装作没看见。"你叫我圆圆姐姐,我带你玩好玩的游戏……""我不认识你。"还没等圆圆把话说完,弟弟一脸的不情愿。圆圆转了转眼睛,有点为难。"圆圆,你的礼品袋里有什么呀?给弟弟介绍一下。"教师在旁边提示。

圆圆连忙把礼品袋里的闯关卡拿了出来,一边给弟弟看,一边给他讲:"这个是动画片,这个是橘子,这个是超轻黏土,你看有这么多,姐姐带你一起去玩。你看,别的小朋友都出去玩了,我们也去吧!"这次,小弟弟没有拒绝圆圆姐姐,和姐姐一起离开了教室。

幼儿喜欢并且需要和自己年龄相仿的朋友交往是开展大带小活动的基础。大带小活动的另一个心理学基础是榜样模仿。美国心理学家班杜拉(Bandura)研究大量儿童的社会行为后,认为儿童是在对环境榜样的观察、学习、模仿中产生某一行为的,因此他十分重视榜样的作用,尤其是那些符合儿童年龄特点的、生动典型的榜样。大带小活动中的哥哥姐姐无疑是弟弟妹妹的榜样。

如何更好地组织幼儿大带小活动?主要有以下经验可作分享。

第一,创设交往的环境。幼儿间的交往起始于共同的游戏,有意识地创设交往的游戏情境,让幼儿在特定的情境中去体验合作与协商的重要性。

第二，提高交往技能。帮助幼儿学会与人和谐相处、与人合作，很重要的一点是，要让幼儿学会观察、体验、理解别人的情绪情感，这就是移情。教师要为幼儿设计一些特定的移情训练环境，让幼儿多动脑筋、多想办法，学会移情，学会与人和谐相处。

第三，支持幼儿交往。当幼儿交往受挫时，教师应通过暗示、提示、提供材料等，帮助幼儿化解矛盾，并及时运用眼神、拥抱、物质奖励等，对幼儿进行关注和表扬，以强化幼儿的良好交往行为。

3. 幼儿家庭支持与协同绿色生活方式行为素养养成教育的具体方式

《幼儿园教育指导纲要（试行）》指出："家庭是幼儿园的重要合作伙伴，应本着尊重、平等、合作的原则，争取家长的理解、支持和主动参与，并积极支持、帮助家长提高教育能力。"幼儿园只有预先实施父母教育，提供一系列合理、有效并有针对性的方法协助父母教育子女，才能提高家庭亲子活动的频率及质量，促进亲子关系的良性发展。

鉴于当前很多幼儿家长对家庭中开展幼儿绿色生活方式行为素养养成教育认识的不足，幼儿园家长工作必须要重视引导幼儿家长切实提高对幼儿绿色生活方式行为素养养成教育的意义及家庭中进行相应教育必要性的认识。幼儿园要通过各种活动有意识地对家长进行指导。

（1）加强宣传与价值引导，实现教师与家长理念一致、教育协同

我园加强了家园共育的宣传力度。在认识到绿色生活方式行为素养养成教育的重要性后，家长们就会自发地形成绿色生活方式的意识，践行相关的绿色文明的行为，并且明白自身的行为将对幼儿产生深远的影响。这将为幼儿园绿色生活方式行为素养养成教育的实施提供有利的环境，从而促进我园绿色生活方式行为素养养成教育的开展。

① 措施一：多途径地宣传指导，让每一位家长端正理念

我园多途径地对幼儿绿色生活方式行为素养养成教育进行宣传指导，改讲座为主题沙龙，便于家长讨论发表自己的意见；改定点家长助教为行走式家长助教，充分利用家长资源，让家长主动思考绿色生活方式的重要性，感受绿色生活方式

行为素养养成教育对幼儿的重要性；改固定志愿者站位为增加志愿者服务项目，让家长通过亲身体验与实践，参与绿色生活方式行为素养养成教育的一日活动之中，切身体会绿色生活方式行为素养养成教育与幼儿息息相关。我园通过多样化的宣传方式，让每一个家长充分知晓幼儿绿色生活方式行为素养养成教育的重要性。

② 措施二：开展多形式的活动，让家长在活动中有所得、有所悟

A. 形式一：开展各类主题活动

主题活动是学前教育课程的主要呈现方式和实施载体。我园在开展绿色生活方式行为素养养成教育中，坚持通过多形式的主题活动、节日活动，让家长在活动中有所得、有所悟。

［案例］

"我是中国人"主题活动中有一个二级主题"去旅行"，孩子们可以与家长讨论到什么地方旅行，乘坐什么交通工具等。对此，我们也围绕"绿色生活方式养成实践与研究"来开展实践活动，讨论如何绿色出行，绘制出行方式表或者旅游行程图，并与其他幼儿一起分享。

［案例］

针对"地球一小时"主题活动，我们采用任务单的形式，让不同的孩子懂得节约能源的重要性；我们通过"无车日"活动，鼓励孩子少乘车，多选择公共交通；我们结合环境日，让每一个孩子和父母一起种植一种植物，通过家庭与家庭之间的分享，让孩子体会爱和责任的意义。

在各类主题活动中，家园共同收集信息，一起设计与开展各类主题活动，让孩子在活动中懂得节约，懂得珍爱自然，懂得探索世界，懂得文明守规则。

B. 形式二：开展亲子活动

我园亲子活动以幼儿兴趣、家长意愿为基础，并依据父母的职责分工，来设计绿色生活方式亲子活动。

［案例］

在"环保袋亲子制作"活动中，父母与孩子要从家中带来收集到的废旧材

料，然后讨论废旧材料从哪里来，如何利用。活动的目的是让绿色生活方式的意识与行动渗透在孩子和家长的日常生活中。

［案例］

废旧材料随处可见，但是往往被人们忽视，大多数家庭都把这些废旧材料当作无用的垃圾处理掉。于是，教师设计了"废旧材料总动员"主题活动，目的是让父母与孩子在活动中了解废旧物品可以循环利用，重复利用身边的各种材料。

［案例］

在"绿色同乐"义卖活动中，我们先发动家长讨论方案，试着站在孩子的角度来考虑问题，努力将每一个环节考虑精细。活动过程中，孩子成为活动的主人。活动后，与孩子一起讨论，如何让义卖更有意义，更有爱。

在这些丰富多彩的活动中，我园始终突出家长的主体性，在设计和实施亲子活动的过程中，积极探索适合家长参与的活动形式和内容，以提高家长的参与度。

③ 措施三：开展相应的专题培训

针对家庭绿色生活方式行为素养养成教育中存在的问题以及我们在开展绿色生活方式行为素养养成教育中发现的共性问题，我们采用不同的方式有针对性地开展指导。例如，开展系列专题讲座、家长培训，向幼儿家长介绍幼儿园绿色生活方式行为素养养成教育，丰富其绿色生活方式行为素养养成教育知识，提高家长们的绿色生活方式行为素养养成教育水平。此外，我园还重点让家长了解幼儿园绿色生活方式行为素养养成教育对幼儿今后全面发展的影响，进而获得家长的理解与支持，与幼儿园步调一致地进行幼儿绿色生活方式行为素养养成教育。再如，针对幼儿的行为习惯如何养成，我们邀请专家开展"幼儿良好行为习惯的培养"专题讲座；针对幼小衔接，我们请小学教师介绍如何进行幼小衔接；针对孩子的换牙、用眼等情况，我们请医生来园给家长做专题培训；针对孩子在幼儿园一日活动中存在的问题，我们在家长会上反复宣传；针对亲子阅读，我园与社区合作，开展阅读坊系列沙龙培训；结合古诗词、亲子阅读项目，我园还开设了公众号的专题指导，让辐射面更大。

在基于问题的解决与思考中，我园专题培训的方式方法变得愈加丰富、多元，家长对绿色生活方式行为素养养成教育的相关活动参与度也越来越高了。

（2）互通信息，换位理解，消除隔阂，分享经验，加强沟通

① 措施一：积极创建互动交流的平台

沟通是建立良好家园合作关系的主要纽带，教师和家长只有建立了良好的合作关系，让家长有话可说，教师才能够真正地了解家长，也了解孩子所处的家庭环境，最后才能够有针对性地对孩子进行教育。在绿色生活方式行为素养养成教育中，我园运用新媒体技术家园进行密切沟通，让绿色生活方式养成教育落到实处。

② 措施二：分享科学的育儿知识

当今社会，多媒体技术发展迅速，通信工具多样化，QQ、微信这些平台都可以帮助我们宣传育儿经验。不仅仅教师有育儿理论，家长也是有丰富的育儿知识的，并且这些知识都得到实践的检验。每一位幼儿都是独立的个体，每一位家长也都有自己独特的一套教育理念。教师可以建立平台，在平台上，家长可以提出教育中出现的困难，请其他家长来帮忙解决。一个人一种方法，一百个人就有一百种方法。通过家长与教师互助共育，分享教育资源与经验，既能促进幼儿的发展，又有利于双方教育水平的提高。

［案例］

我园的微信公众号自创办以来已有 4 年。微信公众号是育儿知识宣传的阵地，也是幼儿园各类活动的见证和记录，更是家长、社区了解我园绿色生活方式养成教育的窗口。

［案例］

我们充分运用 APP 中的相关功能，搭建了每班各具特色的幼儿绿色生活朋友圈，教师及时发布幼儿在园的绿色生活方式行为素养养成教育的点点滴滴，家长也随时可以在 App 上分享幼儿在家时的表现。对于教师和家长来说，这是很好地展示幼儿绿色生活方式行为素养养成教育的桥梁。

［案例］

每班每月一篇育儿经验交流，及时挖掘家庭中的育儿经验，鼓励家长分享成功的经验与失败的教训。通过绿色生活方式行为素养养成教育的经验分享与交流，有效地提高了我园家长工作质量。

我园始终关注家长的不同需要，坚持给予个性化指导，通过微信、APP、公众号、幼儿成长手册、开放活动等，让每个家庭了解我园绿色生活方式行为素养养成教育的意义、目标、内容、途径和方法。

（五）幼儿绿色生活方式行为素养养成教育评价

1. 评价的意义

任何评价在本质上都是一个作出价值判断的过程。课程评价是引导、监控和改善幼儿园课程等各方面工作的依据。《幼儿园教育指导纲要（试行）》明确提出："教育评价是幼儿园教育工作的重要组成部分，是了解教育的适宜性、有效性，调整和改进工作，促进每一个幼儿发展，提高教育质量的必要手段。"

幼儿绿色生活方式行为素养养成教育评价利于保证教育目标的实现，具有导向作用；利于调动教师积极性，促进教师反思，具有激励作用；利于反馈课程目标的达成和课程实施的情况，促进幼儿绿色生活方式行为素养养成教育水平的提高，进而推动幼儿绿色生活方式行为素养养成教育的改革不断深入。

2. 评价的设计

（1）评价的对象主体

《幼儿园教育指导纲要（试行）》中明确指出："评价的目的是为了了解幼儿的发展需求，促进每一个幼儿的发展。"据此，幼儿绿色生活方式行为素养养成教育评价的对象主体为幼儿。通过对幼儿的评价，一方面判别、了解幼儿绿色生活方式行为素养发展水平；另一方面深入了解影响幼儿绿色生活方式行为素养养成的原因，进而为提高教育课程质量提供依据。

（2）评价的内容指标

根据幼儿绿色生活方式行为素养培养的总目标，以"亲自然、有礼貌、能节俭、守规则、会合作、爱探究"这六大行为素养为基本的评价维度，我们再从"亲自然、有礼貌、能节俭、守规则、会合作、爱探究"的每一行为素养上分列出"认识情感""方法技能""行为习惯"三大指标，并确定每一指标的具体内容。

（3）评价的实施主体

教师作为课程的组织者、引导者，对于课程的评价十分重要，所以教师是评价实施的主体。在课程实施中，家长也会以志愿者、助教、家委会成员等各种身份参与到课程实施中。幼儿绿色生活方式行为素养养成教育除了幼儿园这个途径外，家庭、社会也是重要的途径，所以家长也应共同参与评价。

（4）评价方法

幼儿绿色生活方式行为素养养成教育评价采用调查问卷、案例分析和观察测试等方法。

3. 评价的实施

案例分析、调查问卷、观察测试三项评价方法中，案例分析侧重于对幼儿个体发展特征的分析评价，这一评价方法为教师了解幼儿个体发展及提供有针对性的指导提供了依据；调查问卷着重于家长的参与与协同，通过家长问卷，能更全面地获取评价信息，有助于教师全面、准确地了解和分析幼儿，同时能争取家长的支持；观察测试是评价的主要方法，通过规范的观测记录及统计，可帮助教师科学、准确地对全体幼儿绿色生活方式行为素养养成状况作出评估，从而更好地了解幼儿发展现况，并据此改进后续工作。

（1）问卷调查法

家长问卷调查于课题研究中期进行，其主要目的是：帮助教师了解幼儿在家庭中绿色生活方式行为素养养成情况，使评价更为全面、客观，避免教师单一角度评价；调查了解家长实施绿色生活方式行为素养养成教育情况，为后续家园进一步协同开展教育提供依据。

① 问卷内容

问卷内容主要涉及：家长对我园的绿色生活方式行为素养养成教育特色课程的了解、参与情况；家长对我园的绿色生活方式行为素养养成教育的认同和支持情况；幼儿在家中绿色生活方式行为素养表现情况；家长对幼儿绿色生活方式行为素养的培养情况等。

② 问卷操作

A. 问卷时间

问卷时间从 2017 年 9 月 14 日至 2017 年 9 月 15 日。

B. 问卷对象

问卷对象为中大班共 575 位家长。

C. 问卷发放与回收

问卷调查采用电子问卷的方式，在家长会前，由班主任请每位家长用手机扫描二维码参与答卷。调查覆盖中班 9 个班级 289 位家长，大班 8 个班级 286 位家长，共计 575 位家长。

此次调查共回收有效问卷 514 份，回收率为 89.4%。其中，中班回收 266 份，回收率为 92.04%；大班回收 248 份，回收率为 86.71%。

③ 问卷结果分析

问卷调查发现，绝大多数家长对我园的特色课程幼儿绿色生活方式行为素养养成教育有所了解，多数参加过我园开展的绿色生活方式行为素养养成教育活动，认为我园的园所环境体现了绿色生活方式行为素养养成教育的特点，但还不够深入具体。

大部分家长认为，孩子已经具备一些绿色生活方式的意识与习惯，在"爱护绿化""垃圾分类""自然物利用""不浪费餐巾纸"等方面有较明显的认识和行为变化，而对一些环保节日则不够敏感；在"节约用水""节约用电""不浪费食物"方面有较明显的认识和行为变化，而在"不随便花钱"方面则不够显著；在"用'请''谢谢''对不起'等礼貌用语""尊敬年老者""与人协商"方面有较明显的认识和行为变化，而在"不乱发脾气""礼让残疾人"方面则不够明显；在"遵守交通规则""排队等待""准时来幼儿园""不随意在公交车和地铁里吃东西""公共场所不大声喧哗"方面有较明显的认识和行为变化；"爱提各种问题""喜欢观察摆弄新奇的东西""有自己一定的学习喜好""当自己有新的发现或解决一个问题时，会很开心""遇到问题自己尝试解决"方面有较明显的认识和行为变化。

绝大多数家长非常认同和支持我园的幼儿绿色生活方式行为素养养成教育，

愿意主动配合幼儿园，对家园交流、协同教育的方式方法和效果觉得满意，认为幼儿园对家庭开展绿色生活方式行为素养养成教育给予了有力、有效的支持和帮助。

在幼儿绿色生活方式行为素养养成教育实践中，家长的支持与参与发挥着重要的作用。我们的愿景是：使家庭和幼儿园教育优势互补，形成教育合力，共同促进幼儿全面发展。通过本次问卷调查，我们既了解了家长对我园幼儿绿色生活方式行为素养养成教育的感受认识，同时也收获了家长提出的很多非常有实际操作意义的建议。问卷结果分析为我园下一步调整教育措施，优化绿色生活方式行为素养养成教育提供了有益的参考依据。

④　跟进措施

A. 加强家园互动

a. 加强单向宣传

在原有的多种宣传形式上，再增加宣传手册，加大公众号宣传力度、频率。宣传时间的把握上，根据家长的需求，更多注重前期的宣传和后续的报道，及时记录。在宣传形式上，利用海报宣传我园特色课程中的特色月活动；利用儿歌进行宣传，如和孩子一起创编环保儿歌、安全保护儿歌等；利用环境进行宣传，在幼儿园大厅环境布置中加入幼儿绿色生活方式行为素养养成教育理念，并注意利用环保废弃材料进行装饰等；利用通知进行宣传，如各类特色活动开展前，均向家长发布微信通知，告知活动事项；利用公众号进行宣传，如每次开展特色活动前，及时利用公众号向家长发布活动情况；利用印刷册进行宣传，如将特色课程相关内容印刷成册，进行发放宣传；利用家长讲座进行宣传，如召开以幼儿园特色课程为专题的家长讲座，全面、系统地向家长宣传我园的特色办学理念，使家长能深入了解我园特色课程的目标、内容、形式等；利用家长会进行宣传，每学期的家长会由班级教师简短介绍幼儿园特色课程的开展情况。

在面向家长的特色课程宣传中，要注意宣传的持续性、计划性、时效性，贯穿整个学期、整个学年；根据园特色课程的安排来开展宣传，如每月特色月活动的开展，需要进行前期发动准备，中期更新进展，后期整理感想；每次活动完成后，及时整理发布活动内容。同时，要利用各种宣传地点宣传，如幼儿园门口张贴园所公众号二维码、园内大型活动通知等；在幼儿园大厅宣传特色课程理念，张贴与悬挂特色月海报、环保作品等；在教室里设"家园联系栏"，宣传班级特色课程的开展情况。

b. 加强双向沟通

原先的家园沟通并没有系统地针对我园特色课程展开深入的交流，家长对我园特色课程幼儿绿色生活方式行为素养养成教育的理解比较粗浅。在后续特色课程实施中，需要侧重将我园绿色生活方式行为素养养成教育的具体目标、核心内容、实施途径等进一步与家长沟通。

家园共育开展园所特色课程需要家庭中所有成员共同支持，不仅仅需要幼儿的主要养育者的支持，也需要其他成员的支持，这样才能形成家园教育合力，促进孩子的发展。

B. 丰富家长参与的形式

a. 家长作为观摩者

每学期召开家长开放日，将园所特色课程相关内容在开放日重点展现。

b. 家长作为参与者

根据特色课程中特色月的侧重点，召开游园会、运动会、爱心义卖、图书漂流等相关活动，邀请全体家长积极参与；也可以"绿色童话剧""环保服装设计""环保亲子制作"为内容开展小竞赛评比，使家长参与园所特色课程中。

c. 家长作为策划者

以园所特色课程为内容，家长助教来园为孩子们上课。例如，每年 3 月"爱绿月"活动，邀请会种植的家长来做老师，和孩子们一起播种。又如，邀请警察家长来做老师，和孩子们一起说说交通法规等。

d. 家长作为协助者

请家长为幼儿园的各类活动提供志愿服务，如义卖活动中，帮忙收银、摆摊；运动会中，担任裁判等。

e. 家长作为活动联络员

有多方资源的家长可以担任活动联络员，方便幼儿园开展更多的活动，如联系警犬来园表演，消防演习，社区联动等。

f. 家长作为管理者

通过各级家委会，邀请家长们参与幼儿园特色课程的管理，并提出宝贵的建议。

C. 完善部分特色课程的内容

a. 改进特色课程内容

针对调查问卷中幼儿在"知道一些环保节日""不随便花钱""不乱发脾气""礼让残疾人""公共场所不大声喧哗""不随意在公交车和地铁里吃东西""遇到问题自己尝试解决"等方面表现的不足，在后续特色课程中，适当加大改进力度。

b. 丰富特色课程内容

园所特色课程中，家园共育的"绿色同阅""绿色同行""绿色同乐"要有更丰富的内容，并具有可操作性，使家园共育真正推进我园特色课程的实施。

［案例］

2019 学年起，我园的微信公众号推出了两个全新的栏目，即"萌娃吟古诗"与"绘本'悦'读分享爱"，每一期都由各班推选家庭亲子互动育儿经验进行分享。在"绘本'悦'读分享爱"栏目里，家长和孩子推荐我园"绿色同阅"书目中的一本绘本，将亲子共读中的经验分享给全园家庭。截至 2020 年 1 月，"绘本'悦'读分享爱"已发布 11 期，在这些已发布的公众号文章中，有妈妈带着孩子一起阅读的视频；有爸爸和孩子一起玩绘本游戏的照片；有孩子自己理解的绘本故事复述；也有家长分享的指导阅读技巧。另一个栏目"萌娃吟古诗"已发布 10 期，该栏目每次由一个家庭推荐一首古诗，有释义，有朗读，有分享。例如，古诗《春晓》《咏柳》分享了孩子对春天美丽景色的理解；《山行》《山居秋暝》揭示了大自然在不同季节中的美景，也与"亲自然"的特色课程相呼应；《悯农》分享了孩子对节约粮食的理解，也与"能节俭"的特色课程相呼应；《游子吟》分享了孩子们对感恩的理解，与特色课程"有礼貌"的感恩内涵呼应，等等。这两个栏目推出后，每篇文章的平均阅读量都在 250 人次，个别文章的阅读量达到了四五百人次。可见，一个家庭的阅读感受、共读体验、亲子互动经验以及对特色课程的理解得到了至少

250个家庭的分享与传播，我园的特色课程家园互动在公众号里开辟了新的天地。

［案例］

从2018学年第二学期开始，我园调整了全园幼儿的离园方案，实施各班分时段固定地点离园，家长需根据时间段提前进入校园内等候区排队等候，各班教师带领孩子到指定地点排队完成离园道别后方能陆续离园。

转变1：离园的鞠躬道别深化了"有礼貌"的内涵

每一天离园前，教师面向全体幼儿鞠躬说："小朋友再见！"小朋友排着整齐的队伍面向老师鞠躬说："老师再见！"这种仪式不仅仅是道别，更是一份互相尊重和感恩，感恩一天的幼儿园生活有对方的陪伴。每个班级的每一个孩子都非常认真地对待每一次的鞠躬道别。家长在等候区等待，接完孩子再一次挥手道别致谢，是对我们离园方式的认可。

转变2：家长等候区的有序队伍给孩子们树立了"守规则"的榜样

一开始，等候区的家长的队伍并不是整整齐齐的，很多家长不理解，也不太配合，站得很随意，见到自家孩子还会越线冲上前打招呼，教师们只能一次次地解释，现场向家长们宣传："请爸爸妈妈、爷爷奶奶做出榜样，你们的队伍整齐与否都会被孩子效仿。"每天，两位教师中一位带队，另一位调整家长队伍，平时还不停地在微信、APP等多个平台宣传离园方式的重要性。渐渐地，家长等候区的队伍越来越整齐，见到孩子激动上前的家长越来越少，所有家长都能在等候区内等候不越线了……家长的两列纵队整整齐齐，小朋友们的一列横队也整整齐齐。

［案例］

2019年7月，上海正式实施垃圾分类。我们将9月的开学愉快周主题定为"垃圾分类"，五天的愉快周活动中，家长共同参与了这个重点内容的课程实施。每班都邀请了家长来给孩子们做"垃圾分类小课堂"的讲解，讲解之前，家长需收集全班孩子在家中的垃圾分类照片、视频，家长们参与做垃圾分类志愿者的照片、视频，小区里垃圾分类志愿者的照片、视频等。活动当天，家长带着准备好的 PPT、照片、视频和孩子们共同走近"垃圾分类小课堂"，介绍了小区内垃圾分类活动的开展情况，志愿者们的工作内容，垃圾分类的知识和重要意义，还分享了每个孩子在家中和家长一起进行垃圾分类的照片、视频。整个活动内容丰富，素材贴近孩子的生活，每个孩子都能深刻感受到垃圾分类与自己的生活密不可分，体验到人与自然和谐相处离不开绿色生活。活动后，不少家长的感受颇深，不少家长感叹孩子们的垃圾分类知识非常丰富，幼儿园的绿色生活方式行为素养养成特色课程很有成效。

［案例］

2019 年 3 月，我园开展了"同沐书香，共享快乐"图书集市活动，鼓励幼儿将家中闲置的书籍带来共享，这样既能营造幼儿园的阅读氛围，也能深化"能节俭"特色课程。活动中，很多热心家长提早来到幼儿园，和小朋友、教师一起发挥创意制作海报，装饰书摊，摆放书籍，做好准备工作。活动中，摆摊的小朋友自主推销，招揽生意，耐心地为小客人服务；买书的小朋友带着家长在各个摊位中穿梭，用自己平时攒下的零花钱换取自己最爱的书籍，一个个乐此不疲，流连忘返。在买卖的过程中，培养了孩子们诚信的品质，也让孩子体验了劳动的艰辛，学会尊重劳动，尊重别人。在整理家中旧书的过程，不少孩子和家长表示，这样的活动很有意义，大班孩子不看的书正好小班、中班的弟弟妹妹需要。在这过程中，孩子们也能初步感受到节俭的美德。

［案例］

针对问卷中"知道一些环保节日"选项得分较低的情况，我园开展了一次"环保节日小报"亲子制作的活动。我们将全年的环保节日进行了分类整理，各班根据不同的环保节日发挥各自创意制作小报，当节日来临时，将小报布置到幼儿园大厅的固定展区内进行展示。同时，在每日的"绿色同享"环节，教师也会针对相应的环保节日和孩子们共同讨论分享，带孩子一起参观、解读大厅中的小报展区。经过历时一学年的环保节日小报展示，孩子们对环保节日有了进一步的认识和理解。

（2）案例分析法

案例分析法是我们开展绿色生活方式行为素养养成教育评价的一种典型分析方法。案例分析法具体包括"幼儿成长档案分析"与"活动典型事例分析"两种。

① 幼儿成长档案分析

"幼儿成长档案"是班级教师为每个幼儿建立的一种记录与收集其日常各种行为表现的信息档案，全面汇总、保留了各个幼儿不同情境与时期绿色生活方式行为素养养成发展变化信息的资料库。"幼儿成长档案"资料内容主要源于幼儿一日生活中的表现及相关作品，同时也包括了家长对孩子日常行为表现的记录资料。"幼儿成长档案"资料为幼儿园和家长共同享有，透过这种交互的信息资料，得以汇聚教师和家长各自对幼儿的了解情况及分析评价。可见，"幼儿成长档案"不但能全面反映幼儿的发展情况，而且能促进家长更了解孩子，理解与协同幼儿园特色课程教育，从而密切了家园合作。

［案例］

以下是馨馨"幼儿成长档案"中的内容节选。

小班上学期，老师的话：从刚来幼儿园哭闹，到现在能开开心心上幼儿园，能笑着和老师打招呼了，馨馨是个有礼貌的孩子，老师最喜欢看你充满阳光的笑脸；而且你能学着自己穿脱衣服，遇到困难时，还能寻求帮助，有礼貌也会动脑筋，很棒！下学期也要继续保持呀……

小班下学期，老师的话：馨馨，在生活方面，自理能力变强了，能自己动手吃饭，知道每样蔬菜、各种肉等都有营养，能够做到尽量不浪费食物，是"能节俭"的小榜样；午睡时，能够自己学着穿脱衣裤，将衣裤折叠整齐；在学习方面，上课更加认真了，时不时举手想要回答问题，能注意听老师提的问题，开动脑筋；在游戏中，会扮演妈妈、姐姐、客人、服务员、理发师、小演员、司机等等角色，也有了关系很好的玩伴……

中班上学期，老师的话：馨馨愿意自己的事情自己动手做，遇到困难能自己先试着解决……

中班下学期，老师的话：馨馨，你乐意动手，做自己力所能及的事情，特别愿意动脑筋想办法，班级里的好多科学游戏你都积极尝试，认真记录，还会和爸爸妈妈分享幼儿园学到的知识，太棒了！要做大班的姐姐了，你能和朋友友好相处，能和小伙伴协商解决一些小困难、小矛盾……

大班时，老师留言：馨馨，你的小手很能干，喜欢绘画、剪纸，想象力丰富；你平时和小朋友团结友爱，愿意为大家服务，经常帮着老师和值日生做小帮手；上课能认真听讲，能回答问题；你懂得自己照顾自己，生活自理能力较强，是个懂事的孩子。

评价既要关注幼儿共同的发展特征，更需要考虑幼儿在发展水平、能力倾向、学习方式及原有经验等方面的个体差异，考虑幼儿每一个阶段的发展水平与前一个阶段的发展水平的差异。所以，针对个体的评价，我们关注幼儿的真实个性，关注幼儿的动态发展。在多年的实践研究中，我们始终关注幼儿个体的发展，每一个孩子都有个性化的"幼儿成长档案"评价记录，体现了幼儿在"亲自然、有礼貌、讲规则、能节俭、爱探究、会合作"六方面的发展情况。

② 活动典型事例分析

"活动典型事例"是班级教师记录的班级幼儿在特色课程开展中出现的典型事例。不同于"幼儿成长档案"，"活动典型事例"不是围绕幼儿个体行为表现，而是班中幼儿群体的行为表现，是群体在某一活动中所发生的有意义的典型事件。

［案例］

午餐时，孩子们都开始忙碌起来，自己拿小碗，自己取勺子，开始为自己盛饭，我也忙碌地在六组幼儿之间穿梭，指导个别能力较弱的幼儿自己盛饭。等孩子们都坐下进餐时，我再次进行了巡视，发现每组都有掉在桌上的饭粒，有的是星星点点，有的是一大块。

接下来几天的自主盛饭时，我都进行了观察，发现每次都会有掉落在桌上的小米粒，而幼儿的表现基本都是视而不见，并没有主动拾起掉落的米粒。这些掉落的小米粒既是浪费，又显得桌面不整洁。

孩子们对掉落米粒的忽视让我开始了思考：午餐时，为什么会发生这么多的浪费现象？其中可能有这样几个原因：第一，每组只有一个盛放米饭的大碗，大碗放在桌子中间，距离于长方形桌子两头的幼儿较远，幼儿盛饭有难度，米粒就会掉落较多；第二，幼儿对于自主盛饭的方法还掌握得不熟练，盛饭中有米粒掉落；第三，有的时候，米饭粘在大勺子上，幼儿会出现多甩几下的动作，造成米粒甩落；第四，幼儿爱惜粮食的意识还不够深刻，只关心自己饭碗内的米饭，对于盛饭过程中散落在外的米饭并不在意。

后续我有意识地作了以下调整与指导：调整盛饭的方法，让幼儿拿好小碗后，走到放米饭的大碗前盛饭；个别化学习中，投放相应的材料，如豆子、小勺、米粒，让幼儿进行练习；每日午餐前的"绿色同享"活动，多和幼儿分享爱惜粮食的小故事；请家长带领孩子共同阅读公众号中"萌娃吟古诗"栏目《悯农》一期，分享读诗体验；针对主题"好吃的食物"中的"米和面"内容，开展珍惜粮食相关的集体教学活动。

经过一个月的实践调整，孩子们自主盛饭的能力在提高，盛饭动作利落有序，滴落在外的米粒逐渐减少了；孩子们自己动脑筋想办法，会合作了，如当离放米饭的大碗比较远时，会请离得近的幼儿传递大碗，大碗在桌面上流动，比教师提出的走近大碗盛饭的方法更有效。现在，每当有米粒掉落在桌面上，孩子们都会主动捡起放到自己的碗里，有时候动作稍微慢了点，就会听到同伴友好地提醒"你快把桌上的米粒捡起来呀"。

每天的"绿色分享"环节最能让我感受到孩子对于能节俭、爱惜粮食认知的转变。这一天，和孩子们一起聊了聊和爸爸妈妈一起读了《悯农》后的感想，孩子们说："大米种出来很不容易的。""农民伯伯很辛苦。""我们要珍惜每一粒米饭。""不可以浪费粮食。"……孩子们还主动提出要设立新的值日生岗位，做节约粮食监督员，检查小伙伴吃完饭后的碗是不是干净。还有一次，中班的孩子刚开始用筷子吃米饭，每次吃到最后，总有些米粒刮不干净。这一次的"绿色分享"环节，孩子们就主动提出要讨论饭碗里的米饭怎么能用筷子吃干净，一起总结出了好办法，还编成了小儿歌：小碗举起来，靠到嘴巴边，筷子并并拢，轻轻往里刮。孩子们还说："回家后，我也要用筷子吃饭，筷子用得好了，米饭就不会掉得满桌都是了。"

"幼儿成长档案"和"活动典型事例"从不同维度记录了幼儿个体与群体成长的轨迹，便于我们更直观与立体地认识班级幼儿绿色生活方式行为素养的表现与变化，进而更有效地组织与开展幼儿绿色生活方式行为素养养成教育。

（3）观察测试法

观察测试法是一种基于系统科学设计的日常观察，在一定阶段给予幼儿个体与整体分析评判的评价方法。基于课题研究的基本规范要求，本课题观察测试数据是评价课题研究效果的主要评价方法。随着课题研究的深入，我们在初期、中期和后期更新使用了不同的评价指标，使观察测试评价渐趋完善。

课题研究初期，我们的评价指标设计直接采用了《3—6岁儿童学习与发展指南》中的指标，但无法凸显课题研究的重点内容，而且三个年龄段的指标不连贯，无法反映出三年中幼儿整体的发展水平。

课题研究中期，我们尝试基于幼儿绿色生活方式行为素养养成教育的发展评价量表，将"亲自然、有礼貌、能节俭、爱探究、讲规则"作为指标内容，设立了三个年龄段不同的评价表。该观察评价指标设计较能凸显课题主旨，评价内容重点突出，但其不足的是：各行为素养内在结构不够清晰，有的是对于"意识"的表述，有的是对于"行为"的描述，有的是对于"能力水平"的表述；三个年龄段采用三个发展评价量表，但仍无法反映出幼儿三年连续的发展水平。

课题研究后期，随着课题研究不断深入，我们的整个课程目标有所调整，增加了"会合作"的内容，同时，各个行为素养目标内容也作了"意识""行为与习惯""方法和能力"的区分，三个年龄段目标也按此进行连贯衔接，课程目标体系更为完善。与此相对应，幼儿绿色生活方式行为素养养成评价体系也随之越来越完善。从课程目标的六大行为素养方面出发，按照"意识""行为与习惯""方法和能力"三个维度，我们对指标内容作了进一步的设计调整。同时，各年龄段的评价指标不再单独设计，而是汇总到统一的评价指标系统中，以水平1至水平5来进行等级评价，从而使得评价更科学、精准。这样的评级设计也较好地考虑到幼儿的个体差异，有利于反映幼儿实际发展中可能存在的超年龄水平的表现。调整后的幼儿绿色生活方式行为素养养成评价体系更为科学、全面，同时也便于统计分析。

① 初期的观察测试

在开展评价初期，将《3—6岁儿童学习与发展指南》中的目标行为转化为评价指标的条目，在每年的9月、1月和第二年的6月对每个幼儿开展评价，并生成幼儿个人的评价汇总表及班级整体的评价汇总表。

表1-9　幼儿绿色生活方式行为素养养成教育评价初期观察测试统计

内容	健康			语言		社会		科学		艺术	
	身心状况（7分）	动作发展（13分）	生活习惯与生活能力（15分）	倾听与表达（9分）	阅读与书写准备（7分）	人际交往（12分）	社会适应（9分）	科学探究（8分）	数学认知（8分）	感受与欣赏（4分）	表现与创造（6分）
总分	203	377	435	261	203	348	261	232	232	116	174
学期初评分（9月）	122	150	199	126	51	144	105	48	82	71	49
学期中评分（1月）	187	263	239	207	126	294	229	147	175	98	93
学期终评分（6月）	200	336	286	237	146	334	242	197	201	111	142

注：此为小四班的初期观察测试统计表，以此为例。N=29。

从上表可见，该班孩子在一学年的时间里，各领域的发展水平均有了一定的提升。在分析班级各个孩子的单人汇总表的过程中，教师得出如下结论：每个孩子都有进步，各领域的学习与发展水平都在稳步上升；每个孩子都是不一样的个体，存在较大的个体差异，不仅体现在每个孩子的优势领域不同，也体现在孩子们发展水平增速快慢的不同；教师能相对了解自己班级孩子的相对弱势领域和优势领域，便于在日常教学活动中调整教学目标和方法。

该观察测试因每个领域的评价指标条目数量不同，合计总分并不能很好体现各领域间的相对差异，若能折换成平均数会更直观。

② 中期的观察测试

课题研究中期，我们将"亲自然、有礼貌、能节俭、爱探究、守规则"作为观察指标，三个年龄段的观察测试分别进行。在每学期末，即 1 月、6 月对每个幼儿开展评价，并生成班级的评价汇总表。

表 1–10　幼儿绿色生活方式行为素养养成教育评价中期观察测试统计

内容	亲自然	有礼貌	能节俭	守规则	爱探究
人均评分	3	3	3	3	3
第一学期末评分（1 月）半均分	2.61	2.54	2.40	2.41	2.60
第二学期末评分（6 月）平均分	2.89	2.76	2.80	2.79	2.79

注：此为小 6 班的中期观察测试统计表，以此为例。N=28。

从上表可见，该班孩子在一学年的时间里，各领域的发展水平均有了一定的提升。第一学期末，在绿色生活方式行为素养养成教育评价的五个方面，"亲自然"的得分较高，"能节俭"和"讲规则"较低。该班级在第一学期期末（1 月）时，"能节俭"和"讲规则"两方面的平均分均低于 2.5，但到第二学期末（6 月）时，平均分均接近 3 的水平。显然，每个孩子都有进步，各领域的学习与发展水平都在稳步上升。通过该观察测试结果，针对幼儿相对弱势领域，教师会在后续日常教学活动中调整教学目标和方法。同时，对比班级发展情况，教师对幼儿个人的发展态势作出分析，得出下阶段关注的领域。

课题研究中期的观察测试不足之处是：尚未及时形成年级组及全园的总体平

均数汇总，只有通过班级与年级组以及与幼儿园的整体对比，才能了解班级的个性化差异，对后续的课题研究开展才更具指导意义。

③ 后期的观察测试

课题研究后期，按照"亲自然、有礼貌、能节俭、爱探究、守规则、会合作"六方面行为素养和"意识""行为与习惯""方法和能力"三个维度，我们修改调整了幼儿绿色生活方式行为素养养成教育评价观察测试表。在每学期末，即 1 月、6 月对每个幼儿开展评价，并生成幼儿个人的评价汇总表及班级的评价汇总表，同时进一步生成年级组以及全园的汇总表。

以下以大班年级组为例，该年龄段幼儿为 2016 年 9 月入学，正值课题开始初期，至大班时，课题开展逐步进入尾声，较能体现本课题开展的效果。

表 1-11　大班幼儿绿色生活方式行为素养养成教育评价后期观察测试统计

	亲自然平均分	有礼貌平均分	能节俭平均分	守规则平均分	会合作平均分	爱探究平均分	总平均分
大 1 班	4.01	4.01	4.18	4.09	4.07	3.99	4.06
大 2 班	4.17	4.30	3.55	4.40	3.96	4.01	4.07
大 3 班	3.98	4.34	3.82	4.22	4.01	3.94	4.05
大 4 班	4.79	4.78	4.53	4.44	4.19	4.21	4.49
大 5 班	4.45	5.00	4.27	4.73	4.69	4.75	4.65
大 6 班	4.66	4.64	4.93	4.88	4.67	4.60	4.73
大 7 班	4.35	4.72	3.74	4.75	4.53	4.27	4.39
大 8 班	4.97	4.89	4.89	4.67	4.81	4.69	4.82
大 9 班	4.46	4.59	4.60	4.78	4.73	4.60	4.63
实际平均分	4.43	4.59	4.28	4.55	4.41	4.34	4.43

注：$N=306$。

从上表数据来看，六项指标中，大班幼儿"有礼貌"的平均分最高，"能节俭"的平均分最低。各班的优势、弱势项目都不相同，班级与班级间的差异较大。例如，大 2 班"能节俭"平均分最低，大 5 班"有礼貌"平均分最高，大 3 班"爱探究"平均分最低，大 6 班"能节俭"平均分最高，大 1 班"守规则"平均分最低。个别大班班级某一方面平均分甚至低于部分中班的平均分，如大 2 班、大 3 班、大 7 班"能节俭"的平均分需引起教师的重视，寻找原因。

根据数据分析可见，我园开展幼儿绿色生活方式行为素养养成教育至今，六个方面行为素养的养成均有一定的成效，尤其是"有礼貌""守规则""亲自然"三个方面成效显著。

七、研究成效

每个幼儿都是独一无二的个体，每个幼儿的表现都会与众不同，每个幼儿的潜力更是无穷无尽。通过绿色生活方式行为素养养成教育，尽管每个幼儿的发展不尽相同，但是，每个幼儿都努力地在学习、成长与改变中，不断让自己变得更好。成就更好的自己，也是本课题在研究与实践中获得的最大收获。

回顾多年来的实践与探索，我们始终本着课题的核心目标，不断丰富幼儿绿色生活方式行为素养养成教育的内涵；针对幼儿不同的个性与潜能，开展个性化的、多元的、有效的教育指导；在寻求多元、整合、适切的教育过程中，帮助幼儿学习正确看待与处理人与自我、人与自然、人与社会这三者的关系，养成绿色生活方式。

（一）幼儿的发展

当孩子与好朋友一起友好地合作与交流时，当孩子一个人在大自然中尽情地奔跑，去感受和发现大自然的美好时，当孩子将一件生活中的废弃物用自己的方式去思考、去发现、去变成自己想玩的游戏材料时，当孩子自主地探究生活中一切他喜欢的事物，并不断地寻求答案时，当彬彬有礼的孩子获得他人赞许的眼神时，当孩子渐渐学会控制自己的欲望，不再吵着要父母买玩具时……我们惊喜地发现，孩子们真的长大了，变得更阳光、更健康、更主动、更有礼貌、更富有爱心、更守规则，这也是本研究给孩子们带来的最大变化。

1. 每一个孩子都是有教养的个体

教育的目的在于培养社会需要的德、智、体、美、劳全面发展的人，社会发展的最终目标在于人类世界的高度文明。我园绿色生活方式行为素养养成教育关键在于通过多种途径，基于日常生活行为的浸润和融合，帮助每一个孩子成为有教养的个体。它具体表现在以下方面：

（1）学会更好地照顾自己

绿色生活方式来源于生活，回归生活，帮助每一个幼儿学会生活，学会更好地照顾好自己，学会正确地与社会、与自然相处，始终保持健康快乐向上的生活态度，这是我园绿色生活方式行为素养养成教育的美好愿景。通过日常生活行为习惯的培养，让孩子们从小学会热爱生活，学着更好地照顾自己，帮助每一个孩子建立"自己的事情自己做，不会的事情学着做，困难的事情挑战着做"的认知和态度，并在每一天平凡的生活中，努力学会更好地接纳自己、爱自己，为自己感到骄傲。譬如，每天自己走着上幼儿园；每天让自己保持整洁卫生；学会自主饮水；学会等待；学习自己取放食物；学习参与一些简单的自然和生活劳动，等等。

（2）学会做一个自信文明的孩子

一个文明有素养的孩子得到最大的心理体验是他人的肯定、赞扬。他人的肯定与接纳不断地反馈给幼儿，也让幼儿能够更好地与社会、与自我、与自然相处。因此，始终如一的行为表现，坚持保持一份文明、有序的生活习惯，并不断地在改变自我与社会相处的过程中修正与调整，最终形成一种自律的生活习惯，是文明社会、个体发展及教育的最终要求。我园通过绿色生活方式行为素养养成教育，尤其是一系列"讲规则"行为习惯的渗透，不断地让孩子在有形与无形的教育中，逐渐成为一个他人喜欢，有自信，有教养的幼儿。譬如，在"亲自然"的教育中，孩子们在春夏秋冬四季的变化中，感知生命的力量，感受大自然赋予我们的能量，学着去发现大自然的美好；通过"守规则""讲礼貌"的系列教育，让孩子感受文明有序带来的美好，学会感恩社会，懂得尊重他人、遵守规则；通过"讲节俭"的系列环保教育，让孩子们在创意活动体验中，学着保护环境、懂得节约、懂得爱护，并学着控制自己的欲望，懂得"合适、够用"是最好的一种生活状态；通过"爱探究""会合作"的教育，让孩子在主动探索中学会与同伴友好相处，学会成就更好的自己。

（3）学会在平凡生活中提高良好的绿色生活方式行为素养

好习惯伴随着孩子一生的健康成长。幼儿日常生活行为习惯养成是幼儿绿色生活方式行为素养养成教育的重要部分。围绕着绿色生活方式行为素养养成教育六大行为素养，从生活中最基本的行为入手，确立了具体清晰的实践目标，并在多途径、多角度的教育实践、环境创设、习惯养成过程中，让孩子们学会低碳环保，主动要求大人少开车，坚持自己走；在守规则的教育影响下，让孩子们学会遵守交通规则；通过生活中的打喷嚏要捂住小嘴，玩别人的玩具需要征得同意，遇到困难会想办法解决等理念的渗透，在潜移默化、耳闻目染中，不断帮助幼儿养成绿色生活方式。

2. 每一个孩子都彰显其独特的个性与品质

"会友好相处，让每一个孩子成就更好的自己"是我园开展绿色生活方式行为素养养成教育的核心理念。在实施绿色生活方式行为素养养成教育中，我园始终秉承这一教育理念，遵循幼儿内在发展规律，关注每个幼儿内在独特的个性、所处的家庭文化背景等，有针对性地实施个性化绿色生活方式行为素养养成教育。

在开展绿色生活方式行为素养养成教育实践中，我们通过家园合作、教师富有个性化的指导，让孩子在其原有基础上有了很大的提高。通过幼儿与幼儿之间的互动，幼儿与家长之间的互动，幼儿与教师之间的互动，教师与教师之间的互动，让孩子养成了绿色生活的理念、意识和方法，获得了全方位的成长。

（二）教师的发展

每一缕阳光都能助花儿开放；每一滴雨水都能让大地滋润；每一抹绿色都能使我们的校园更加美丽。践行绿色生活方式行为素养养成教育，让每一个教师获得了专业成长。节约一滴水，少用一度电，节省一张纸，倡导低碳环保的健康生活，用美好的心灵去看待身边的人和事，一个个看似微不足道的小小举措汇聚起来却能带来大变化。

绿色生活方式养成行为素养养成教育是一项影响个体内在生活态度和品质，并具有可持续发展的教育，更是一种润物细无声的修行。多年的课题研究，我们的教师获得了以下改变：

1. 每一个教师的教学方式发生转变

绿色生活方式行为素养养成教育需要教师在实践中更好地关注幼儿的发展，关注幼儿的兴趣，关注幼儿当下的经验，关注每个幼儿不同的个性差异。在日常教育中，教师始终要有一双明亮的眼睛，去发现与解读幼儿的需要，并结合绿色生活方式中的核心素养，不断捕捉合适的教育契机，给予孩子适时的引导，激发孩子认知与情感上的认同。在给予幼儿的引导过程中，教师需要不断地调整自己的教学方式，用孩子最能够接受与引起情感共鸣的方式，真正打动孩子，影响孩子，帮助孩子在内在情感碰撞中养成绿色生活方式，在不断改变中成就更好的自己。例如，教师在许多案例与文本中谈到这样的感受，当自己与孩子们一起在花园散步的时候，原来预设让孩子去发现幼儿园的植物，但是，一个孩子突然对叶子上的小虫产生了兴趣，许多孩子也因为一个孩子的发现而不再听从教师的讲述。这时候，教师就必须即时调整自己的预设计划，跟随孩子的兴趣，去引领孩子共同探究发现身边动物的秘密。不断地追随孩子，通过生生互动、师生互动、家园互动，让每一个随机生成的美好都变为教育的素材。生成教育反过来让教师对于绿色生活方式行为素养养成教育理念的认识越来越深刻，教师的随机应变能力也得到提升。

针对不同幼儿实施个性化的绿色生活方式行为素养养成教育是帮助每一个幼儿能够更好地养成绿色生活方式的重要教育手段。每个幼儿的发展水平、家庭文化背景、兴趣爱好不同，"亲自然、能节俭、有礼貌、守规则、爱探究、会合作"核心素养养成教育也需要有针对性。这就需要教师不断地反思自己的教育行为，不断地寻找一种更加适切的方式，推动幼儿的发展。通过课题培训、日常案例的碰撞、教育困惑的分享、实践后的反思等途径，我们不断加强自身对绿色生活方式内涵的理解，并努力地将其转变为自身的教育行为。在这样的转变中，教师也获得了专业的成长。

2. 每一个教师的生活方式发生转变

随着生活水平的不断提高，许多教师渐渐也开始变得铺张浪费起来，如洗手时，水龙头哗哗地任其流淌；户外活动时，教室里没有一个人，灯却开得敞亮；布置环境时，KT板和即时贴用了一半就丢进了垃圾桶，这样的情形每天都在上演。我们倡导教师们养成勤俭、节约的绿色生活方式，鼓励大家主动节约幼儿园的每一滴水和每一度电；我们倡导利用废弃物品来变废为宝，鼓励教师用废弃材料来装饰幼儿园的内外环境，还能为幼儿园节省大量的办公经费；我们倡导一种绿色、自然的生活方式，在这种生活方式的引领下，鼓励教师们养成在办公桌旁装点绿植的习惯。

教师的工作既消耗脑力、体力，又承受着沉重的压力，由此带来的健康隐患是多方面的，每次体检总有个别教师会查出一些疾病，这与许多不健康的生活方式是密不可分的。为了鼓励大家拥有绿色健康的生活方式，这学期，我们还增设了"绿色达人沙龙"系列活动，每月一次的"健康生活分享日"活动为我们的"绿色达人沙龙"系列活动锦上添花，如烘焙组的教师把健康饮食的理念传递给了大家，许多教师纷纷挽起袖子加入烘焙大军之中；围巾组的教师们通过微信互相交流选购丝巾的小常识，还相约共同前往丝巾专卖店，向店员学习丝巾的系法和搭配，一物多用，演绎出教师特有的风采；摄影组的同仁们来到古镇采风，一张张照片记录着"水巷小桥多，人家尽枕河"的独特景观；多媒体组的教师边学边用，把枯燥无味的操作理论与实践相结合，共同探讨解决实际操作中遇到的问题，在很短的时间里，大家都掌握了多媒体操作的要领和注意事项；运动组的教师们每个星期二晚上都相约羽毛球馆，矫健的步伐，完美的转身，一招一式都颇有专业运动员之风范……一个个绿色达人沙龙组犹如雨后春笋纷纷涌现，让大家感受到了绿色生活方式带来的无穷快乐。

3. 每一个教师的心灵发生转变

持久的工作压力使许多教师或多或少都会产生职业倦怠感，如工作中常常怕烦、怕事多，抱着事不关己高高挂起的态度，各家自扫门前雪，工作中没有主动性可言。于是在工作之余，我们邀请大家前往茶坊畅谈，使教师们彼此更为融洽；我们组织教师开展"绿色瞬间"摄影大赛，记录生活中的点滴精彩与温暖瞬间，提倡人与自然和谐相处，倡导积极健康的生活方式；我们开展"每天行走一万步，健康生活你我他"活动，许多教师活动后发表感想：走的是路，练的是腿，走掉的是病，得到的是健康，只有身体棒棒的，才能更好地为我们的孩子服务；结合我园开展的绿色生活方式行为素养养成教育课题研究，我们进行了"绿色絮语读后感评比"活动，以此激发教师们的读书、写作热情，让浓浓的书香浸润教师的心田，溢满美丽的校园，使我们每位教师在"最是书香能致远"读书系列活动中满载而归；我们还组织部分教师参加合唱队排练、文化艺术节活动等，并开展舞蹈培训，鼓励教师忘掉工作的繁杂事务，为自己适度减压，体验各种文体活动给自己身心带来快乐。"舞动快乐、舞动健康"激励着每一个教师以更加积极和饱满的状态投入幼儿园的教育教学工作中。

把诗植入生活，生活诗情画意；将心投入生活，生活绚丽多彩。在绿色生活中渐渐蜕变，每位教师都能成为一个对生活充满探究、对工作充满热情的人。

（三）幼儿园的变化

在"以人为本，关注每一个教师可持续和发展"办园理念的引领下，践行绿色生活方式成为每一个教师的生活态度、生活行为、生活品质。每一个教师都用其独特的色彩描绘着我园的健康之美、活力之美、环境之美、俭朴之美、人文之美。

"亲自然"让每个人主动关心校园内的一草一木，办公室、活动室、走廊，到处充满了生机；"能节俭"让每个人学会节俭，精致地感受生活的美好；"有礼貌"让每个人学会如何与他人相处，学会换位思考；"守规则"激发每一个人提醒自己、提醒他人，并学会在静与动的影响中，构建有序的校园；"爱探究"激发每个人主动地学习，并不断地在探索自己感兴趣的事物中获得全面的成长；"会合作"让每个人明白了团队的力量，只有共同合作创造，才能构建最美的校园。

绿色生活方式是一种健康、积极、向上、快乐、美好的生活方式。它强调亲近自然，讲究环保，注重节约，倡导健康，善于学习，强调有序，学会合作，追求高雅。这种生活态度无声地影响着每个人的生活习惯、生活品质。每个人在细小的行动改变中，成就更好的自己。因此，绿色生活方式引领下的幼儿园，它是美丽的、整洁的、有序的、愉悦的，更是充满灵动与生机的。

（四）家园合作的变化

1. 改变观念，树立正确的角色定位

通过绿色生活方式行为素养养成教育的宣传与合作，我园家长不再是被动的教育理论信息接收者，而是观察者、学习者、支持者、教育者、评估者；不再浮于表面，被动参与家园合作，而是和教师站在平等的地位，理解绿色生活方式的重要性，与教师一起交流如何教育孩子养成绿色生活方式。

2. 创新形式，增强家长与教师沟通交流的有效性

（1）家园共育制度化，增强家园共育的实效性

以绿色生活方式理念为依托，幼儿园采取各种形式，通过各种渠道，加强教师和家长之间的沟通，及时解决育儿问题，促进幼儿身心健康和谐发展。目前，家园合作形式多样，包括园级家委会、班级家委会、家长园地、家长会议、相关APP、微信公众号等，帮助家长及时了解幼儿园资讯，帮助教师系统了解家长的想法和意见，实现教师和家长共同教育的目标。

（2）建立多渠道家园共育形式，增强教师和家长的沟通

我园多途径地对幼儿绿色生活方式行为素养养成教育进行宣传指导，包括讲座、主题沙龙、行走式助教、志愿者服务、一日活动、各类绿色主题活动等，便于家长通过各种方式与渠道发表自己的意见，主动参与绿色生活方式行为素养养成教育的探讨，主动思考绿色生活方式的重要性，感受绿色生活方式对幼儿的影响和重要性。

3. 促进社区双向联动，形成我园的早教特色

我园始终以实践与反思的早教指导活动为基础，以绿色生活方式行为素养养成教育为依托，开展幼儿园早教课程，让0—3岁幼儿提前对我园的绿色生活方式课程有一个初步的了解与认识。每月开设与幼儿园课程相对应的早教绿色专题，更好地推进了幼儿园0—6岁一体化教育。我园不断地提高早教指导质量，并通过早教课程实施方案的不断细化，让早教指导课程规范化、精细化；建立"分段式教学"的指导模式，力求让师生比实现更优化；开展基于婴幼儿年龄特点与发展特点的系列教研，让教师在指导与回应中更加关注幼儿，让早教指导人员找到更为适切的指导方式，满足家长的需求，获得家长对绿色育儿的认同感；还通过家长意见征询的方式，不断从家长的需要入手，不断创新早教形式，让我们的早教指导满足社区、幼儿家长的需要，拉近彼此的距离。现在，我园每一次的指导活动中家长满意率都很高，家长对活动的期待感强，指导率也达到了100%。

八、研究结论与反思

（一）研究结论

我们历经三年的研究，取得了以下结论：

其一，幼儿期是幼儿绿色生活方式行为素养养成的重要时期，积极和全面的养成教育可有效地培养与促进幼儿绿色生活方式行为素养的初步养成，为幼儿终身绿色生活方式发展奠定重要的基础。

其二，幼儿绿色生活方式行为素养养成需要实施积极和全面的养成教育。我园在实践中不断探索和总结，最后形成的幼儿绿色生活方式行为素养养成教育方案有明显的教育效果，同时也切实可行，有较强的适用性与操作性。

其三，幼儿绿色生活方式行为素养养成与家庭同步教育密不可分。幼儿园绿色生活方式行为素养养成教育必须与家庭密切协同，结成目标一致、行动配合的家园合作共同体。

（二）研究反思

三年来，绿色生活方式中行为素养养成教育的探索与实践，一方面对幼儿绿色生活方式的逐步养成，对教师专业知识与能力的提高和幼儿园特色课程与文化的推进，对幼儿园与家庭更好地协同配合等都产生了积极的作用；但另一方面通过对这三年研究工作的反思，我们也发现研究中存在一些不足和不尽人意的地方。

绿色生活方式行为素养养成教育包含促进幼儿个体的认知、情感、行为以及相对较为稳定的行为习惯等诸多方面的发展，而这样的综合素质的形成发展是一个漫长复杂的过程，是幼儿认知、情感、行为及意志相互作用、相互促进、相互提升的螺旋发展的过程。幼儿内在综合素养的养成有其客观的变化机制与逻辑，这样的变化机制与逻辑无疑是我们科学开展幼儿绿色生活方式行为素养养成教育最重要的基础与依据。回顾三年来的研究，我们将研究重心放在了绿色生活方式行为素养养成教育的设计与组织上，而较少关注到幼儿内在综合素养的养成过程，未能充分分析了解幼儿行为素养养成中其认知、情感、行为及意志的变化与相互作用的机制与规律，以致我们对幼儿行为素养变化还多停留于情景与表现的描述上，而较少在理论上作深入的分析与推断；同时，对幼儿绿色生活方式行为素养养成教育中年龄阶段的特点与规律性的变化也了解甚少，这些是我们实践研究的主要不足。

对幼儿绿色生活方式行为素养养成教育过程中变化机制与规律的了解不足，很重要的一个原因是我们对幼儿绿色生活方式行为素养养成教育评价工具重要性的认识不足，研究欠缺。尽管幼儿绿色生活方式行为素养的发展是一个非常复杂多样的过程，但其终究还会有其内在的客观规律，而这样的规律也必然会透过幼儿的行为与情感展现出来；同时，幼儿年龄不同，其发展和表现也存在不同的特征与规律，所有这些都难以仅通过一般的描述就能区分和掌握的，这就需要有更科学的分析评价工具来辅助区分。由于前期研究重心放在了幼儿绿色生活方式行为素养养成教育设计与组织实施上，所以我们对幼儿绿色生活方式行为素养养成教育的评价工具未能予以足够的重视与研究。到研究后期，随着对幼儿绿色生活方式行为素养发展特点认识的逐渐深入，我们开始意识到，幼儿绿色生活方式行为素养养成教育中评价工具的重要性及研制的迫切性。随后，我们组织力量开展幼儿绿色生活方式行为素养养成教育评价指标与方法的研究，并形成了较系统、完整的各年龄段的评价指标与操作程序和方法，但由于研制完成时间过晚及评价操作方法上的不完善导致缺少前期评价数据，后期评价数据无法作对应比较。

上述是我们这一阶段研究中存在的主要问题，也是我们后续深入研究的重点。

参考文献：

[1] 中华人民共和国教育部.幼儿园教育指导纲要（试行）[M].北京：北京师范大学出版社，2001.

［2］上海市教育委员会教学研究室.上海市学前教育课程指南（试行稿）［M］.上海：上海教育出版社，2004.

［3］中华人民共和国教育部.3—6岁儿童学习与发展指南［M］.北京：首都师范大学，2012.

［4］周芳.当前幼儿园教师家长工作的问题及解决途径［J］.教育科学研究，1997（6）.

［5］樊人利.游戏精神引领下幼儿行为习惯的养成［J］.学前教育研究，2014（9）.

［6］吴晶京.构建"亲近自然"幼儿生活课程［J］.中国教育学刊，2009（5）.

［7］张帆.幼儿教师与家长相互作用的研究［D］.上海：华东师范大学，2005.

［8］曹丹丹.家园合作问题分析［J］.学前教育研究，2003（1）.

［9］周红.家园沟通存在的问题与对策［J］.学前教育研究.2003（2）.

［10］祝怀新.环境教育论［M］.北京：中国环境科学出版社，2002.

［11］朱赛红.教师与家长互动关系的研究［D］.长沙：湖南师范大学，2004.

［12］王治河.后现代生态文明与现代生活方式的转变［J］.岭南学刊，2010（3）.

［13］李生兰.幼儿园与家庭、社区合作共育的研究［M］.上海：华东师范大学出版社，2003.

［14］陈鹤琴.家庭教育［M］.北京：教育科学出版社，1994.

［15］郝文伶.家园共育：家园合作是一个教育双赢的平台［J］.读与写（教育教学刊），2015（3）.

［16］杜军，鞠亮.借助班级互动论坛促进家园共育的探索与实践［J］.亚太教育，2014（3）.

［17］杨晓娟.论优化家园共育的途径和方式［J］.中国校外教育，2014（25）.

［18］胡小燕.浅谈家园共育的有效策略［J］.科技视界，2013（36）.

［19］郑波.幼儿园绿色体验教育策略研究［J］.浙江教育科学，2009（3）.

［20］管培红，王益红.幼儿环境素质教育［M］.北京：中国环境科学出版社，2003.

［21］胡碧霞.试论家园共育的实践模式［J］.连云港师范高等专科学校学报，2013（2）.

［22］陈银香.家园共育促进幼儿全面发展［J］.福建基础教育研究，2012（9）.

［23］余慧珍，韩利平.家园共育工作的实践与思考［J］.教育导刊（下半月），2011（11）.

［24］马爱莲.家园共育现状及其改善措施［J］.太原师范学院学报（社会科学版），2011（4）.

［25］卢素芳，顾红云.幼儿园生活化德育体系的建构与实施［J］.学前教育研究，2018（4）.

［26］王兴华，王慧.学前儿童环境态度与认知发展水平及特点［J］.学前教育研究，2016（12）.

［27］郑佳珍.幼儿环境教育指导［M］.北京：高等教育出版社，2004.

［28］陈明辉.培养学生良好日常行为习惯的研究［J］.成才之路，2015（9）.

［29］张胜男.培养幼儿良好生活习惯的研究报告［J］.中国校外教育，2015（4）.

［30］王晓红."绿色校园"行动［J］.少年月刊，2007（13）.

［31］袁荣斌.关于"绿色校园"的理解［J］.学校管理，2005（6）.

［32］祁岩.在游戏中培养幼儿的规则意识［J］.学前教育研究，2013（11）.

［33］王晓菊.幼儿园开展传统道德教育的方法及其提升策略［J］.学前教育研究，2012（3）.

［34］许晓蓉.幼儿道德成长与早期阅读［J］.学前教育研究，2011（7）.

［35］何正武.绿色校园与校园文化的有效链接［J］.教书育人，2011（32）.

［36］李生兰.上海幼儿园利用家庭、社区德育资源的调查与思考［J］.学前教育研究，2003（1）.

［37］刘雪萍.幼儿环保教育存在的问题及对策［J］.甘肃教育，2012（1）.

［38］王晓艳.在环境创设中开展幼儿环保教育的研究［J］.时代教育，2012（6）.

［39］杨淑丽.3—6岁幼儿环境保护意识的研究［D］.武汉：华中师范大学，2011.

［40］周芳.当前幼儿园教师家长工作的问题及解决途径［J］.教育科学研究，1997（6）.

［41］朱智贤.儿童心理学［M］.北京：人民教育出版社，2003.

［42］陈文德.幼儿生活习惯的教养［M］.广州：岭南美术出版社，1997.

02 第二篇 幼儿绿色生活方式养成教育实践研究

幼儿绿色生活方式行为素养养成教育中
家庭教育面临的问题与家园合作新图景

上海市浦东新区恒宇幼儿园　赵燕　陆剑　冯维娜　袁佳懿　杜晓玮　王晓敏　金梦迪

一、研究背景

（一）倡导绿色生活方式是当今社会发展的必然要求

在一定的生活环境中，每个人都会形成一定的日常生活的活动方式，生活方式是个人生活活动中的一种客观现象与存在，个人生活方式的形成变化不仅影响一个人基本的生存状态，而且这一基本生存状态的形成还直接或间接影响着一个人的思想意识和价值观念。因此，个人生活方式的质量、水平对其生活和精神具有基础性的重要影响。

在个人生活方式形成变化过程中，每个人都会形成有个人特点的生活方式，但同时个人生活方式的形成变化与社会环境影响有密切关系，每个人生活方式的形成都离不开社会物质生活条件和社会环境的影响，从一定意义上来说，个人一定的生活方式就是社会环境影响的产物。因此，个人生活方式既是个体的，同时也是社会的，一定时代的社会发展潮流必然会对个人生活方式产生深刻的烙印。

进入 21 世纪，社会、科技快速发展，城市化的进程衍生了许多社会问题，如环境污染问题、人类健康生存问题、超负荷的资源使用问题等，这些问题将直接影响未来社会的发展，以及每一个人实实在在的生活质量和社会人文环境。城市化进程导致了人口急剧膨胀、环境生态恶化，这些现实警示我们，倡导绿色生活方式迫在眉睫。

因此，形成与建立绿色的生活方式是社会对每个人所提出的必然要求。只有当生活于社会中的每个人都形成绿色生活方式，拥有绿色的理念与价值观，我们的生活环境才能变得越来越健康，我们周围的世界和生活才能变得越来越美好。

（二）家园合作遇到的瓶颈与障碍

幼儿绿色生活方式行为素养养成教育是对幼儿生活方式进行有意识地干预和影响，但幼儿绿色生活方式行为素养养成教育是一项复杂而又艰巨的教育工程，需要幼儿园与家庭协同一致，互相配合。

自2011年起，我园致力于幼儿绿色生活方式行为素养养成教育的研究，历经四年不懈努力，我园确立了幼儿绿色生活方式行为素养养成教育的目标、内容、途径、形式、策略和方法。绿色生活方式行为素养养成教育的硕果正不断地影响着每一个教师和幼儿，但同时我们也感到，绿色生活方式行为素养养成教育对幼儿发展的促进作用还有待加强。在实践后，我们感受到，幼儿绿色生活方式行为素养养成教育远非我们所想象的那么容易。从孩子的实际发展来看，绿色生活方式养成确实存在着巨大的差异，而这种差异背后，起重要影响的是家长。譬如，家长对绿色生活方式的理念认同情况、家庭中的教养方式方法、家长自身对绿色生活方式的态度、家长对孩子的培养目标、家庭教育中的环境等，都会干扰和影响当前幼儿园全力推进幼儿绿色生活方式行为素养养成教育。

个体的生活方式是在一定环境影响下形成的，幼儿主要的生活环境在家庭，因而家庭是影响幼儿绿色生活方式行为素养养成的重要因素，而且由于幼儿与家庭关系的紧密性，家庭因素在幼儿绿色生活方式行为素养养成中的作用也是不可取代的。因此，幼儿绿色生活方式行为素养养成需要家长、社区，乃至整个社会持之以恒地坚持与配合，才能够有效地推动幼儿绿色生活方式行为素养养成。幼儿绿色生活方式行为素养养成教育最终取得实效，关键是要取得广大家长的理解、认可与协同，只有如此，幼儿绿色生活方式行为素养养成教育才能达到预期的效果与目标。

（三）改进与创新家园沟通方式，提高家园合作实效水平

多年来，家庭工作一直是我园十分重视的一项基础性教育工作，在既往许多幼儿园活动中，我们都获得了广大家长们的支持与配合，工作效果也得到了家长们的广泛认可。但近年来，在开展幼儿绿色生活方式行为素养养成教育中，我们逐渐发现，原先一直有用的家长会等家园协作方式开始变得有些不管用了，幼儿

园教育工作的各项意图较难被家长理解，各项不同的具体操作要求也难以得到家长实际有效的支持配合，幼儿园与家长教育观念上的差异导致家园合作受到阻碍。

在幼儿绿色生活方式行为素养养成的过程中，我们深深地感到，家庭教育中存在着各种各样的问题对孩子绿色生活方式行为素养养成带来了诸多负面影响与阻碍。这些问题包括：

1. 家长的理念冲突

在沟通与实践中，我们发现，我园家长普遍重知识轻能力，他们希望幼儿园多教一些知识性、技能性的内容，对于我园幼儿绿色生活方式行为素养养成教育，家长认为意义不大。

2. 家长情感态度不配合

对于幼儿的绿色生活方式，家长只是将其简单理解为环保问题，而没有深刻认识到绿色生活方式行为素养养成教育的核心是培养适应未来社会发展的儿童，它其实更是一种儿童成长方式的问题。由于对绿色生活方式行为素养养成教育内涵理解不深，导致家长在情感态度上不认同、不配合。

3. 家长的教养方式问题

社会发展必然要求家长在教育孩子的过程中能够体现以人为本、尊重孩子、了解孩子，能够真正地站在儿童发展的角度来开展教育。更多的时候，重知识轻能力的理念导致家长在培养孩子的时候会采用简单、粗暴的方法要求孩子必须达成自己期望的目标，并对孩子提出了许多错误的、不切合实际的要求，导致家庭教育急功近利、拔苗助长。

4. 家长自身的行为问题

家长是孩子一生的老师，但是，家长自身存在的某些不符合绿色生活方式要求的行为与表现，对孩子正确的绿色生活方式行为素养养成产生了非常不利的影响。

幼儿教育本质上是一种社会协同教育，需要幼儿园、家庭协同合作才能达成良好的效果。当前，我园幼儿绿色生活方式行为素养养成教育不能仅靠幼儿园的单打独斗，还需要广大幼儿家长理解、支持、参与与配合。只有家园形成共力，幼儿绿色生活方式行为素养养成教育才能扎实前行。因此，在深入推进幼儿绿色生活方式行为素养养成教育过程中，我们需要更加重视幼儿家长工作，要改变以往相对简单的工作方式与方法，要更多从家长角度理解与思考，以家长能接受的创新形式开展丰富多样的家园联系活动。通过这些活动开展，帮助家长形成正确的绿色生活观和良好的行为习惯，在家庭中积极开展幼儿绿色生活方式行为素养养成教育，以此与幼儿园教育形成合力，从而使幼儿绿色生活方式行为素养养成教育更好地落到实处，取得实效。

二、研究价值

本研究试图通过对我园家园合作原有方式的创新与突破，解决当前我园开展绿色生活方式行为素养养成教育所面临的困境。这一课题实施具有很强的现实意义和一定的理论价值。

（一）打开家园合作新局面

家园合作中的不协同是我们当前开展幼儿绿色生活方式行为素养养成教育遇到的一大瓶颈，幼儿园不仅应注重园内幼儿绿色生活方式行为素养养成课程建设，同时也必须对幼儿家庭开展绿色生活方式行为素养养成教育予以积极的影响与指导，使双方在幼儿绿色生活方式行为素养养成教育上步调一致，这样可以大大提高家园协同开展幼儿绿色生活方式行为素养养成教育的整体效应。通过幼儿绿色生活方式行为素养养成教育这一纽带，幼儿园与家庭建立并形成紧密的协同合作关系，以此有效推动幼儿绿色生活方式行为素养养成教育的高质量发展。

（二）促使家长提高自身教育素养

绿色生活方式行为素养养成教育中，家庭出现的问题主要是家长相关的教育认识、能力和方法问题。针对这一问题，幼儿园通过开展多种活动对家长予以必要的指导与引导，帮助家长提高认识，端正态度，掌握方法，从而在家庭日常教育中对孩子进行积极正面的绿色生活方式行为素养养成教育，培养孩子形成各种良好的生活与行为习惯。同时，这样的教育也会促使家长从小事做起，形成好的生活与行为习惯。

（三）引发对家园合作关系与方式的深层次思考

要突破幼儿绿色生活方式行为素养养成教育中家园合作面临的困境，关键是要做好家长的工作，帮助他们提高认识，在思想和行动上与幼儿园配合一致，共同开展绿色生活方式行为素养养成教育。而要做好家长的工作，显然不是一件轻而易举的事。为了提高家长自身教育素质，为了形成新型的家园合作格局，课题研究必须要对各种现象背后的关系作深层次的分析与思考，开拓家园合作的新格局。

三、研究设计

（一）研究目标

1. 通过对幼儿家庭绿色生活方式行为素养养成教育现况调查分析，了解家庭中绿色生活方式行为素养养成教育所面临的问题及其原因，有针对性地提出改善策略，积极探索解决问题的方法，努力改进与提高家庭中幼儿绿色生活方式行为素养养成教育水平。

2. 通过本课题研究，积极探索家园合作的新路径与新方式，在家园共育的过程中，建构、展现家园合作的新图景。

（二）研究组织

以幼儿园的特色课程建设为载体，调动各方力量，组织研究队伍，形成研究网络，保证研究实施。

1. 幼儿园园长是课题研究的组织者与领导者，承担课题研究策划与指导任务。

2. 课题组具体承担课题研究计划的制订、课题实施方案的设计和落实指导。

3. 年级组和班级教师具体承担课题实施方案的日常操作与研究。

（三）研究方法

1. 访谈调查法

通过与个别幼儿家长的沟通与访谈，及时发现不同孩子、不同家庭在绿色生活方式行为素养养成教育中存在的个性与共性问题。

2. 案例研究法

主要通过对家庭中幼儿绿色生活方式行为素养养成教育中的典型问题的分析，找寻实践的突破口，并进行有效的跟进指导。

3. 经验研究法

主要通过教师、家长经验分享，不断收集各类典型个案，分析并总结形成有价值的指导方法、途径和案例；同时结合家园合作，开展幼儿绿色生活方式行为素养养成教育实践，提炼与概括家园合作有效开展幼儿绿色生活方式行为素养养成教育的机制与规律。

4. 行动研究法

主要通过家园合作的系列活动，不断在行动中探索、思考、调整、总结、成长，帮助家长、幼儿园共同获取有效的方法。

（四）研究过程

1. 准备阶段（2016年12月至2017年6月）

（1）建立团队，明确分工。

（2）收集信息，丰富研究资料。

2. 实施阶段（2017年9月至2019年2月）

（1）调查访谈，梳理问题。

（2）针对问题，研究实践。

（3）汇总分析，实践总结。

3. 总结阶段（2019年3月至2019年9月）

（1）完成研究总报告。

（2）整理汇总研究资料。

（3）结题论证。

四、研究结果与分析

在具体开展课题实践中，我们依次进行了两个方面的研究。

（一）调查分析现状与问题，梳理瓶颈与原因

2017 年 9 月开始，通过调查问卷、与部分家长访谈和日常观察，我们全面系统了解了园内各幼儿家庭绿色生活方式行为素养养成教育的现况与问题，并梳理与总结了遇到的瓶颈与形成的原因。

1. 家长对幼儿绿色生活方式行为素养养成教育理念不认同

［案例］

又到了一年一次的小班新生家长会。作为惯例，在介绍幼儿园的特色及共同性课程时，幼儿园都会将特色课程即幼儿绿色生活方式行为素养养成教育作为非常重要的内容向家长们介绍，并希望家长能够对幼儿园三年的特色课程有个大致的了解。当园长从视频、文本、课程方案等多角度来介绍幼儿园的特色课程时，其中有很大一部分家长是茫然的。会后，有些家长直截了当地问园方是否可以增加一些拼音、英语、舞蹈等知识和技能的教学，对于贯穿学前阶段最重要的生活习惯养成，显然家长关注度不高。

从家长会所反映的情况来看，我们明显感到，家长对绿色生活方式行为素养养成教育不尽认同。随着现代社会的高速发展，人口日益增多，发展所带来竞争问题、生态问题、社会精神文明问题都会无形地影响着家长对孩子的期望。望子成龙，非理性择校，盲目提早开始小学教育等，这些都是家长理念偏差所派生出的问题。说到底，案例中折射的现象是家长到底希望把孩子培养成为一个怎样的人的问题。我园的绿色生活方式行为素养养成教育是希望培养能够适应未来社会的人。这样的教育理念需要得到家长的认同与配合，这对孩子的绿色生活方式行为素养养成至关重要。

2. 家长固有生活习惯对幼儿绿色生活方式行为素养养成教育的干扰

［案例］

"洗手"作为一个伴随人一生的行为，幼儿期的培养非常重要。从小班入园的第一个月，教师就开始培养孩子洗手的习惯，并将洗手贯穿于幼儿的三年学习生活中。可是，我们发现，孩子的反复很大，洗手习惯养成很难，尤其是在冬天。

为了帮助孩子养成良好的来园洗手习惯，我们不仅在洗手池旁边安排家长志愿者，不断提醒孩子；同时还通过沟通、访谈，了解孩子不愿洗手的原因。有的孩子说："奶奶说，早上家里洗过了，我的手是干净的。"有的孩子说："妈妈讲，我涂了润肤露，可以不洗手。"有的孩子说："我爷爷说的，老师盯着我的时候，我从旁边溜进去，因为多洗手对皮肤不好。"……

从这个案例中，我们深刻地感受到，来园要洗手虽然是小事，但对孩子未来的发展有重要的意义，部分家长并不会看得那么长远。这部分的家长，他们习惯将自己的生活方式与认知方式教给孩子，一方面他们未能意识到自己既有习惯与认识的不足；另一方面也未认识到自己的不良习惯对孩子形成良好生活习惯带来的影响。

3. 家长"好面子"对幼儿绿色生活方式行为素养养成教育的干扰

［案例］

为了培养孩子的环保意识，让孩子们从小树立低碳环保的生活理念，结合课程要求，我园会定期开展一系列专题亲子活动，让孩子们在活动中养成节俭、关爱等优良品质。但是，在实际的操作中，我们也会发现，我们的设想跟我们的初衷背道而驰。譬如，"旧玩具义卖会"活动的目地是通过家中闲置物品的义卖，让孩子懂得有些物品不适用，只是因为放错了地方。但是，在实际的操作中，我们也会发现，有的家长觉得拿旧东西来卖很没有面子，担心自己带来的东西卖不掉，于是，他们就带着新买的玩具参加义卖……

由于幼儿家庭经济条件、生活习俗及家长各自的知识水平、年龄、文化素养等存在着差异，一些生活条件优越的家长由于好面子，对家庭绿色生活方式行为素养养成教育带来负面影响。例如，有些父母因为自己经济条件好，觉得拿旧的玩具分享没有面子。

4. 家长消极态度对幼儿绿色生活方式行为素养养成教育的干扰

［案例］

为加强亲子沟通，培养孩子的创造力和动手能力，我园每年都会组织亲子改制废弃物专题活动。例如，结合共同性课程中主题探索的需要，家园共同配合，收集并展览家庭中的制作作品。当我们惊叹家长的聪明才智，并询问孩子在制作中的感受与体验时，孩子告诉教师："老师，这件作品是我爸爸在网上买的，觉得做东西太烦了……"

面对"亲子制作"这项任务时，一些家长不配合的原因有很多，除了因为工作忙没有时间，或自己动手能力差，或希望帮助孩子获得表扬外，相当一部分的家长则是嫌这事烦，觉得帮孩子一起制作要花费很多时间和精力，因此就选择了最简单的应付方法。同时，这些家长也没有认识到，看似小小的"亲子制作"，其中蕴含的教育内涵却非常丰富，如锻炼孩子的动手能力、想象力、美的感受力等。

5. 家长"生活即教育"的意识不足对幼儿绿色生活方式养成教育的影响

［案例］

"旧衣服哪里去"是我园结合"衣"主题下的系列活动。在开展这个活动的时候，教师与孩子们一起开展了关于"旧衣服哪里去"的主题探索，让孩子们分享交流自己有没有穿过别人的旧衣服？自己不能穿的衣服都到哪里去了？……但结果发现，90%的孩子日常所穿的都是新衣服，他们很少有穿旧衣服的体验，也从没有捐衣服的经验。

经过了解，原来在处理孩子旧衣服这个环节中，家长都自己简单地处理了，对于小区的旧衣回收箱，家长也没有很好地与孩子一同去关注它、利用它，让它成为培养孩子节俭习惯的好帮手。这表明，我们孩子的家长平时比较缺乏培养孩子节俭习惯的意识。

6. 家长自身不良习惯对绿色生活方式行为素养养成教育的影响

［案例］

因为便利、有趣、信息量广，手机成为无法离手的工具。在家园活动中，我们常常会看到这样的场景：担任志愿者的家长一边看着手机，一边瞧瞧孩子；亲子活动时，孩子在操作，家长在一旁玩手机；开放日时，家长都在刷朋友圈；参加家长会，家长边听边看手机……手机在成了大人们的最爱的同时，让家长忽视了对孩子的教育，忽视了孩子良好生活习惯的培养。

幼儿处于人生的萌芽时期，需要周围成人多给予关注和引导。贪玩手机不仅错失许多教育的机会，而且也无意中给孩子树立了一个坏的榜样。

7. 家庭文化氛围对幼儿绿色生活方式行为素养养成的不利影响

［案例］

让孩子从小养成阅读的习惯，这是我们进行绿色生活方式行为素养养成教育的一项内容。为此，我园每个班级每周都有一次好书分享活动，幼儿与同伴分享他（她）在家里读过的一本好书。活动前，我们通常建议家长在家里与孩子进行共读，便于孩子在亲子共读中了解信息，丰富生活经验，启迪心智。但在每周班级活动中，总有一些幼儿未能与其他幼儿分享好书，了解下来，是因为这些幼儿家长在家里并没有与孩子亲子共读过。

亲子阅读对培养幼儿良好的学习兴趣与习惯有积极的作用，也对未来孩子一生的成长至关重要。我园在绿色生活方式行为素养养成教育中，将"阅读"作为一个非常重要的内容，如搭建平台分享亲子阅读中的好方法；邀请专家宣传"阅读习惯改变孩子一生"的理念；与社区合作，建立"阅读坊"公众号；倡导图书漂流，创设班级阅读氛围等。总体而言，我们为倡导亲子阅读系列活动促进了家庭亲子阅读活动的开展，有益于家园共同培养孩子爱阅读、爱学习的好习惯，但由于部分幼儿家庭缺乏良好的文化氛围，家长对孩子阅读不够重视，这些幼儿阅读兴趣与习惯未能得到有效培养。

以上这些现象都是我园在实施绿色生活方式行为素养养成教育中遇到的困惑与问题。由于受到一些幼儿家长教育理念、意识、态度上的差异和一些不良的观念、习惯及家庭文化氛围影响，我园近年来着力开展的幼儿绿色生活方式行为素养养成教育未能在所有幼儿家庭中得到响应，其效果也大打折扣。面对这些问题，我们对自身的工作也进行了深入的反省与思考。

在幼儿期，幼儿园与家庭是幼儿两个基本的生活环境，幼儿教师与幼儿家长是幼儿生活与成长的教育者与照料者。从现代大教育观念出发，幼儿教育不仅仅是幼儿园的教育，同时也包括了家庭的教育。幼儿发展是一个整体，幼儿的教育同样也是一个整体。只有幼儿园与家庭教育协同一致的时候，教育才能真正有效地发挥作用，否则，教育的效果就会大打折扣，甚至产生负效应。苏霍姆林斯基认为，"教育的效果取决于学校和家庭教育影响的一致性。如果没有这种一致性，那么学校的教学和教育过程就会像纸做的房子一样倒塌下来"。显然，在我们当前开展的幼儿绿色生活方式行为素养养成教育中，一些幼儿家庭未能与我们同步，这自然影响了我们的教育效果，不利于幼儿绿色生活方式行为素养养成。所以，幼儿绿色生活方式行为素养养成教育不能是幼儿园单方面落实，需要家庭与幼儿园的共同努力。

幼儿园和家庭在幼儿发展的过程中扮演着不同的角色，承担着不同的责任。幼儿园与家庭能否充分发挥各自的主动性，承担自己应有的责任，是否能够实现良好的沟通与合作，这对每一个幼儿的身心健康和谐发展以及整个学前教育的质量提升都有着深远的影响。

幼儿园教师与幼儿家长是两个不同的教育主体，其身份不同，专业知识与能力也有不同。通常情况下，幼儿家长缺乏较系统科学的专业知识与能力，因此在实际生活中，他们缺乏足够的教育知识、经验以及具体有效的方法与技能。这给我们绿色生活方式行为素养养成教育带来一定的困难与障碍，客观上也影响了幼儿绿色生活方式行为素养养成教育效果。

当前，随着我国幼儿教育事业深入发展，家园合作已经成为幼儿教育发展的必然要求与趋势。《幼儿园教育指导纲要（试行）》总则中提出，"幼儿园应与家庭、社区密切合作，与小学衔接，综合利用各种教育资源，共同为幼儿的发展创造良好的条件"。在组织与实施中还提出，"家庭是幼儿园重要的合作伙伴。应本着尊重、平等、合作的原则，争取家长的理解、支持和主动参与，并积极支持、帮助家长提高教育能力"。据此，幼儿园不仅要做好分内的教育工作，而且还要承担起对家长的支持与指导的责任。因此，在幼儿绿色生活方式行为素养养成教育中，我园还需要努力做好对幼儿家长的专业支持与指导工作，这是我们真正有效开展幼儿绿色生活方式行为素养养成教育的条件，也是衡量我们开展幼儿绿色生活方式行为素养养成教育成效的重要标志。

回顾近年来我们开展幼儿绿色生活方式行为素养养成教育的历程，我们感到，在重视园内开展幼儿绿色生活方式行为素养养成教育的同时，我们对幼儿家长的支持与指导工作有所忽略。虽然我们也一贯在做家长的支持与指导工作，如幼儿园和每个班级都有家长工作的计划与执行程序，有家长开放活动与亲子活动等，但实际的效果未能达到我们的预期。尽管部分家长还是比较配合的，但还有较大部分幼儿家长远未能给予关注与重视，其观念、意识、态度及相应行为也未能达到应有的状态与水平；还有的家长形式上关注了、协同了，但较为应付，这多少也使家庭教育的实际效果受到影响。

（二）寻找有效策略，促进家园合作

针对家园合作中存在的问题，我们对幼儿园的家园合作进行了新的设计和调整。

1. 提出和确立家园合作的新愿景

在培养幼儿绿色生活方式行为素养的共同目标下，幼儿园通过积极的家园工作，实现幼儿园与家庭教育理念共识、教育内容一致、教育步调协同、教育资源共享的家园合作新局面。幼儿园与家庭两者真正形成一个教育共同体，幼儿在这一教育共同体的关怀、呵护和培养下健康成长，养成绿色生活方式行为素养。同时，家长和教师也在相互的协同合作中实现各自教育能力的提高。

2. 明晰和制订家园合作工作的基本原则

要改变以往我园幼儿家长工作的低效，在更高层面上实现家园合作新的图景，进而有效提升幼儿绿色生活方式行为素养养成教育效果，必须遵循以下五项基本原则。

（1）引导教育价值认同的原则

幼儿绿色生活方式行为素养养成教育是一种顺应社会发展潮流与要求，有益于幼儿、家庭与社会长远发展的教育。幼儿园有责任对幼儿进行积极地教育培养，同时家庭也有义务承担起同样的教育责任，只有当家园双方一致协调地开展教育，幼儿绿色生活方式行为素养养成教育才能真正落到实处。为此，作为家庭教育主体的家长必须首先要确立正确的幼儿绿色生活方式行为素养养成教育观念，充分认识开展幼儿绿色生活方式行为素养养成教育的价值与意义，

理解家庭中进行良好生活行为习惯培养对幼儿及社会发展的意义，并深刻了解自身在家庭教育中所承担的主体责任。

鉴于当前幼儿家长中较多存在对家庭中开展幼儿绿色生活方式行为素养养成教育意义认识的不足，幼儿园家长工作首先要引导和帮助幼儿家长切实提高对幼儿绿色生活方式行为素养养成教育的意义及家庭中进行相应教育必要性的认识。幼儿园要通过各种计划活动和日常相关活动有意识地对家长进行引导和指导。

（2）尊重幼儿家长主体地位的原则

在家园合作开展幼儿绿色生活方式行为素养养成教育中，家长不应是附庸或从属者。事实上，每个家长都有自己的教育观，对孩子的教育都是按照自己的教育观进行的。对此，我们必须对家长的主体地位予以充分理解与尊重，要始终将家长视作合作中的平等伙伴，凡事多商量多沟通，而不应该居高临下，自以为是。

在与家长合作相处中，我们非常需要对家长怀有一颗同理心。由于既有的思想意识、知识经验、自身生活经历及个人性格习性上差异，各个家长在对待幼儿绿色生活方式行为素养养成教育，乃至与幼儿园教育协同配合上，都会有不同的认识态度与行为差异。要积极有效地做好家长工作，我们必须要了解家长，遇事注意从家长角度考虑，在此基础上，继而做好引导与指导工作。如此，我们对家长进行的各项工作才能深入、扎实而有效，才能真正发挥出家长自身的主观能动性，使幼儿园和家庭的教育得到充分整合。

（3）加强家庭教育专业支持的原则

相对于一般的家长，幼儿园教师显然具有先天的专业优势，无论是对幼儿身心发展特点与规律的把握，还是在教育一般的方法与技巧的运用上，教师都具有系统而丰富的知识与经验。在家园合作开展幼儿绿色生活方式行为素养养成教育的过程中，教师除了伙伴的角色外，还必须是一个专业支持者。教师要积极发挥自己的专业优势，在绿色教育理念上注重引导，在实际实施中给予充分的支持与帮助，不断端正广大家长对幼儿绿色生活方式行为素养养成教育意义的认识，提高家长教育的能力水平，使家园合作教育进一步增强。

（4）实施家园合作沟通互动的原则

幼儿园与家庭是开展幼儿绿色生活方式行为素养养成教育的两个不同场景，教师与家长是这一教育中两个不同的主体。幼儿园与家庭这两方的教育都不是孤立的，而是相互影响制约的。只有当两者协同一致时，幼儿绿色生活方式行为素养养成教育才有效果。幼儿园与家庭必须不断进行相互间的沟通协调，这种沟通包括认识上的磨合、情感上的联结、经验上的分享等。只有当幼儿园与家庭教育充分融合，两者的教育才能相辅相成。

（5）发挥家园资源优势互补的原则

在家园合作开展幼儿绿色生活方式行为素养养成教育中，幼儿园的教师与幼儿家长是两个不同的教育主体。诚然，幼儿园教师无疑有着自身的专业优势，但幼儿家长因其与孩子间密切的亲子接触及独特的职业与生活经验，其对孩子教育的认识与方法也有值得学习和借鉴的地方。实行家园资源优势互补不仅可以增强家园合作的整体效应，同时也更好地体现家长的主体地位。

3. 梳理与调整家园合作工作的基本策略

（1）价值引导、理念一致、教育协同的策略

① 多途径地宣传指导，让每一个家长充分知晓

［案例］

来园洗手是幼儿来园必须做的一个卫生习惯要求。冬季，经常有孩子会不愿洗手，而这主要原因是一些家长认为，早晨来园根本没必要洗手。面对这些问题，我没有简单地批评家长，而是先对家长做一些思想工作，然后再争取家长的支持与配合。相对以往做法，我做了几项策略调整：

一是改家长讲座为主题式家长沙龙。我们特邀祖辈共同来参加，大家畅所欲言，各抒己见。在公开、自由的气氛中，家长对"来园洗手"这一有争议的教养态度与方法进行了积极的讨论、思考和交流，保健老师更是给予了专业性的科学指导。家长的疑问和顾虑在面对面的平等对话中渐渐消除了，并在互动中，家长深刻领会进园洗手对幼儿发展的价值。

二是改班级家长助教为行走式家长助教。中三班嘟嘟妈妈是医生，她为

小朋友准备了一个"细菌无处不在"的探究活动。通过显微镜观察，孩子们看到了细菌的模样，有了直观的认识，纷纷表示要认认真真洗小手，把细菌都赶走。

三是改固定家长志愿者站位为增加家长志愿者服务项目。经过调整，每天都有家长志愿者在洗手台前帮助孩子卷袖管，擦干小手等。

在一段时间以及今后更长的时间里，通过幼儿与家长的互动，家长参与幼儿园课程，相信家长的教育理念与教育行为一定会有所转变，成为孩子的表率，与我们共同营造一个温暖、有序的绿色环境，助孩子良好行为习惯的养成。

通过多途径地宣传指导是开展此项课题的重要手段。同时，我园还不断地通过微信、APP、幼儿园公众号、幼儿成长手册、开放活动等，加强过程性与即时性的指导，让家长从孩子入园的第一天起就了解我园绿色生活方式行为素养养成教育的意义、目标、内容、途径和方法，并清晰地告知家长在家庭中的配合点，有效地做到因材施教。

② 开展多形式的主题活动，让家长在活动中有所得、有所悟

在开展绿色生活方式行为素养养成教育中，我园坚持通过多形式的主题活动、节日活动，让家长在活动中有所得、有所悟。譬如，针对"地球一小时"主题活动，采用任务单的形式，让不同的孩子懂得节约能源；通过"无车日"活动，鼓励孩子少乘车，多用公共交通；结合环境日，让每一个孩子和父母一起种植一种植物，通过家庭与家庭之间的分享，渗透爱和责任，让孩子懂得植物成长的意义。更多的时候，我们则结合主题探索，让家园共同收集信息，一起设计与开展各类主题活动，让孩子在活动中懂得节约，懂得珍爱自然，懂得探索世界，懂得文明守规则。

③ 基于问题的专题培训，不断提高家长育儿能力

针对家庭教育中存在的问题，以及在开展绿色生活方式行为素养养成教育中发现的共性问题，我们采用专题培训的方式，有针对性地开展指导。譬如，针对幼儿的行为习惯养成，我们邀请专家开展"幼儿良好行为习惯的培养"的专题培

训；针对幼小衔接，我们请小学教师介绍幼小衔接的内容；针对孩子的换牙、用眼等问题，请医生来园给家长做专题培训；针对孩子在幼儿园生活中存在的问题，我们对家长反复宣传良好习惯养成的重要性；针对亲子阅读，我园与社区合作，开展"阅读坊"系列沙龙培训……2019年，结合古诗词亲子阅读项目，我园还开设了公众号的专题指导，辐射面更大。

在基于问题的解决与思考中，我们专题培训的手段、方式、方法变得更丰富、更多元。

（2）加强沟通、互通信息、换位理解、消除隔阂、分享经验的策略

① 积极创建互动交流的平台，让家长有话说

沟通是建立良好家园合作关系的主要纽带，教师只有与家长建立了良好的合作关系，让家长有话说，才能够真正地了解家长以及孩子所处的家庭环境，才能够有针对性地对孩子进行教育。我园始终通过家园密切的沟通，让行为绿色生活方式养成教育落到实处。

随着手机、平板设备的不断更新及各类交互平台和软件的不断发展，一些新媒体技术也被应用到了家园共育中。

A. 变微信为专业家校互动平台 APP "晓黑板"

目前，我园所有班级均使用了专业家校互动平台 APP "晓黑板"，既能做到与家长及时沟通、发布通知，也能从"已阅"的功能上了解家长对通知的知晓情况，还能够在"晓成长"里发布照片、视频，记录孩子的成长历程，等等。对于教师和家长来说，"晓黑板" APP 的使用使得家园联系更通畅、更有针对性。

B. 变纸质问卷为电子问卷

我园的家长问卷曾经都是纸质版的，开放日当天在幼儿园大厅集中填写，人头攒动，存在拥挤现象，有的家长填写也会有顾虑，而且后期的统计工作量也巨大。现在，我园的家长问卷采用了电子问卷形式，家长通过扫描二维码完成问卷，大大扩大了问卷的发放量，统计方便，收集的信息也更真实了。除了家长问卷，日常家园工作中，教师也会使用手机媒体技术，如利用"晓黑板"发布小调查，利用微信小程序开展小投票，等等。

C. 变家园之窗为微信公众号

每班教室门口的"家园之窗"曾经是家长了解育儿知识、了解幼儿园近期活动的重要途径，但随着家长不入园接送方式的推行，"家园之窗"上的主题说明、活动花絮等渐渐很少被家长所关注了。2017 年 1 月，我园的微信公众号发布了第一篇文章后，微信公众号变成育儿知识宣传的阵地，也是幼儿园各类活动开展的见证者和记录者，更是家长、社区、社会了解幼儿园的窗口。

D. 变活动后的静态记录为活动前、活动中、活动后的动态记录

以前，每次开展园级亲子活动，活动的记录形式不外乎文字记录、照片记录，无法体现家长在过程中的参与、跟进、调整。在我园的一项全园活动"旧衣回收"中，我们利用新媒体技术进行了动态记录，让家长在整个活动中只要扫一扫班级二维码就能了解班级活动开展的情况；也能通过扫描其他班级的二维码，了解其他班级的侧重点。整个活动中，我们看到了家长的积极响应和参与，活动反响热烈。通过家长、教师各层面转发小小的二维码，越来越多的人了解了我园正在开展的活动，也了解了我园的绿色生活方式行为素养养成教育。

E. 变录播为现场网络直播

毕业典礼是孩子在幼儿园三年记忆最深刻的回忆，每一位家长都非常重视。往年的毕业典礼，我园均是外借场地，每个家庭邀请一位家长参与毕业典礼，无法到现场的家长往往只能通过照片感受现场的氛围。有家长就提出，是否能让更多的家庭成员都参与到孩子人生中的第一场毕业典礼中来呢？于是，我们的毕业典礼采取了现场网络直播的形式，让不能亲临现场的家长也能通过手机、电脑观看当天的毕业典礼。直播间也开放了留言区，家长们反响热烈，都留下了深刻印象。

我园家园沟通、家园互动模式的不断变化，更好地适应了社会的发展、时代的需求，最根本的是适应了家长的需求，是新时代绿色生活方式引领下的观念的转变，是一种全新的合作共赢。

② 分享科学的育儿知识，提高家庭教育的效果

当今社会，多媒体发展迅速，QQ、微信等平台都可以帮我们宣传育儿经验。

每一位幼儿都是独立的个体，每一位家长也都有自己独特的一套教育理念。教师可以建立家长们互动的平台，在平台上，家长可以提出教育中的困惑，请其他家长来帮忙解决。一个人一种方法，一百个人就有一百种方法。

③ 通过阶梯式沟通方式，弥合家园存在的分歧

我园启动了小班拆并班常规工作，不料竟然引起了轩然大波。由于对告知方式不满，担心幼儿不适应，家长对这一工作产生了强烈不满。针对不同情况的家长，我们采用了形式多样的解决方式。

第一层面："点对面"的沟通方式。沟通对象为全体或大部分家长。以小班幼儿身心特点及大部分家长所担忧的问题为主线，有效开展家长工作。例如，召集班级家委会，发挥家委会职能，再次将拆并班工作的思考和优势向家长说明，希望取得家委会家长的理解、支持和具体帮助。再如，召开班级家长会，针对由于操作环节上的失误造成的家长恐慌，表示歉意，随后将拆并班的初衷告诉家长：拆并班工作面向的是全体小班幼儿，本着对幼儿负责出发，让每个孩子能得到更优质的教育资源考虑。我们还组织家庭参观，当看到孩子们沉浸在游戏中的时候，家长心里宽慰了很多。

第二层面："点对线"的沟通方式。沟通对象为同一类家长，如同住一个小区的家长或幼儿发展能力较弱，担心拆并班导致幼儿出现心理问题的家长。针对家长焦虑的问题，班主任教师统一做好协调工作，并邀请之前经历过拆并班幼儿家长现身说法，将拆并班幼儿的心理过程以及对幼儿后续发展情况做一个积极的反馈，帮助这类家长从各种担忧中走出来。

第三层面："点对点"的沟通方式。沟通对象为个别家长。这就需要我们的班主任教师、年级组长等以专业的身份，为个别家长作专业的分析和判断。

与此同时，通过核心组与小班年级组联合共拟家长问卷，走访个别家庭，开展主题活动，公开展示集体教学活动等，建立多维互动，家长感受到的是平等、尊重和诚意，听到的是解决问题的思路，看到的是未来可期的如愿场景，终于放下戒备，愿意配合。

经历了这次惊心动魄的拆并班事件，我们深深感受到，家园合作仅仅通过信

息交流和粗浅的沟通是远远不够的，只有幼儿园保持开放的态度，家长亲身参与进来，双方才能真正拉近距离。作为家长代表，家委会发挥了桥梁和纽带作用，共同研究解决问题的方法，促进幼儿园与家庭、社会的密切联系。

幼儿园需要引导家长，而不是一味迁就迎合；家长也需要监督幼儿园，而不是一味排斥。教师和家长之间也需要经常换位思考，双方都要避免一厢情愿或一意孤行。我们不但要利用好各级家委会、家长志愿者、家长学校等常设机构，也要利用好家长开放日、家长接待日等常规活动，保证家园之间有效的互动协调。

家园合作是家长工作的永恒主题，已经引起了广泛的共识。在长期实践中，我们固定了一定的程式和规则，在发挥既有优势的同时，也发现了一些新的问题。在新的形势下，针对出现的新问题和新需求，我们努力寻找新方法，力求在家园共育中促进幼儿更好地成长。

④ 用心沟通、以情感人，创设良好氛围，建立紧密合作关系

沟通是家园合作的基础，除了需要双方积极配合，更需要的是坦诚，只有用心沟通，才能真正实现家园合作。沟通的形式是多样的，如面谈、网络平台、电话、家园栏、联系册等。沟通的内容可以是给家长发送今天所学的儿歌，让家长了解今日的教学活动，同时也可以让家长带着幼儿一起巩固复习，从而提高教育效果。家庭与幼儿园就像左右手，在幼儿教育中有着重要作用，教师必须充分挖掘家长的主动性，促进家园共育。当家园积极配合时，就能达到 1+1 > 2 的效果，促进幼儿健康快乐发展。

在家园合作中，我们常常通过多样的教师培训，不断提高教师的家庭教育指导能力，建立与家庭紧密的合作关系。我们常常告诫教师：要学会换位思考，以情感人，用我们的爱与责任、专业与付出，让家长真切地感受到我们的专业水平。我们经常开展家长工作的分享与交流，让教师能够站在家长的角度来理解他们；我们通过收集家教指导案例，在集体活动中分享，提升教师的专业水平。

⑤ 充分挖掘资源，让幼儿园成为家长育儿分享与互动的平台

通过多年的实践，我们欣喜地发现，其实每一个班级都有一批有思想、会创

造、能奉献的家长队伍。我们需要充分调动家长资源，让这批家长成为幼儿园有力的合作伙伴，帮助我们更好地宣传幼儿园的绿色生活方式课程。譬如，我们邀请家长和我们一起制作公众号；我们组织家长为孩子上课；我们让家长与我们一起策划"玩具义卖"活动……在这些活动中，我们不仅向家长学到了许多好的经验，同时也在教学相长中共同成长。

⑥ 总结经验，采用案例交流的方式，不断分享育儿经验

我们注重经验总结，采用案例交流的方式，通过每班每月一篇的育儿经验交流，及时挖掘家庭中好的育儿经验，并鼓励家长通过成功经验的总结与失败经验的反思，让班内家长共同获得成长。通过家庭中绿色生活方式行为素养养成教育案例的分享与交流，有效地提高了我园家长工作的质量。

（3）关注家长的不同需要，坚持给予个性化的指导策略

每个孩子、每个家长都是独一无二的。同样的事情、同样的话语、同样的指导，在不同的家长与孩子身上，却会起到不同的效果。例如，拆班风波案例中，原来我们以为是一个造福所有孩子的好事，但家长却不理解；原本教师指出家长的育儿问题，是教师责任心的体现，但家长却不这么认为……在三年的实践中，点点滴滴的问题对教师的专业提出了新的挑战，那就是针对不同的家长，我们要提供个性化的指导与帮助，这样才会获得更大的效果。譬如，针对在微信群中吐槽的家长，我们多与他们小窗沟通；有些要强的家长，我们要多说他们孩子的优点。

人的教育是一项复杂的工程，家园沟通与指导更需要体现以人为本的个性化指导。譬如，在义卖活动方案设计前，我们先发动家长，充分利用家长中的积极分子，共同讨论方案，努力将每一个环节考虑周到，试着站在孩子的角度来考虑问题。在活动前，我们注意了解不同家长的想法，在布置任务的时候，尽力在 APP 中讲清活动的意义，也告知家长参与这个活动的价值在哪里；当家长充分认同了我们的活动意义以后，家长和孩子一起亲手制作并展现的作品会让教师惊喜、惊叹与感动。活动过程中，教师、家长努力往后靠，让孩子成为活动的主人；活动后，与孩子一起讨论如何让义卖更有意义，更有爱。

五、研究成效

（一）家园合作新图景渐显端倪

在践行绿色生活方式行为素养养成教育过程中，我们在积极解决问题的过程中学会了更为客观地思考问题，能够站在一个平等的立场坦诚交流，友好沟通。通过这样一个美好的过程，不仅让家长更深入了解幼儿园、了解教师，也能让教师更好地了解家长、了解家庭、理解孩子，从而有助于从更深层面来思考问题、解决问题，在共同的努力中建立一种平等、友好、互助的新关系。

在这种良好关系的影响下，教师转变了教育方式，家长转变了自己的育儿方式，幼儿园与家庭变得更为理解、支持、包容、配合、互助。通过生动的故事、经验交流活动，让家长从自身做起，给孩子做好榜样。

可见，我园绿色生活方式行为素养养成教育的家园合作已初现一种理念趋同、相互尊重、理解包容、资源共享的教育共同体新景象。

（二）家园工作新机制逐步形成

经过三年的实践与研究，在多元合作互助中，在基于问题的改进中，在相互的交流分享中，幼儿园与家庭更紧密了，我们的教育也更有效了，教师对职业的幸福感越来越强了。绿色生活方式行为素养养成教育让我们获得双赢，并构建了家园合作共育的有效机制。新机制包括建立共同教育的愿景，对家长进行价值的引导，家园平等地交流与合作，家长的充分参与和分享等。

（三）家园合作新策略已然见效

经过数年的探索努力，形成如下家园合作策略：价值引导、理念一致、教育协同的策略；加强沟通、互通信息、换位理解、消除隔阂、分享经验的策略；关注家长的不同需要，坚持给予个性化指导策略等。这些策略的形成与运用深化了我园的家园合作工作内涵，提升了家园合作开展幼儿绿色生活方式行为素养养成教育的成效。

我园的绿色生活方式行为素养养成教育对孩子终身发展有着非常重要的意义。绿色生活方式行为素养养成教育是一个系统而又艰巨的过程，点点滴滴的改变是我们成长的见证。

教师时刻要依据不同的家长来确立适切的指导方式；新时代家长需要有新型的育儿观，每天都要学习做一名好家长，这是一个永不停止的学习角色；孩子要养成高雅生活的习惯，为其一生打下良好的基石。绿色生活方式行为素养养成教育让我们找到了家园成长的新途径。

为了每一个教师的成长，为了营造一个更美更和谐的生活环境，我园将始终本着"以人为本"的办园理念，从实际出发，从幼儿的发展规律出发，通过家园合作新图景的建构，在新关系、新思路、新途径、新机制、新策略影响下，开启"绿色人文"校园美好的未来。

参考文献:

［1］中华人民共和国教育部.幼儿园教育指导纲要（试行）［M］.北京：北京师范大学出版社，2001.

［2］上海市教育委员会教学研究室.上海市学前教育课程指南（试行）［M］.上海：上海教育出版社，2004.

［3］吴晶京.构建"亲近自然"幼儿生活课程［J］.中国教育学刊，2009（5）.

［4］娄堃.化学教育中绿色生活方式的养成教育［D］.苏州：苏州大学，2009.

［5］张克非.转变生活方式是落实科学发展观的内在需要［J］.社科纵横，2011（8）.

［6］闻浩宇.论建构绿色生活方式的社会化途径［J］.新西部，2009（24）.

［7］时运生.生活方式变迁初探［J］.社会学研究，1986（2）.

［8］刘建君.生活方式与儿童健康教育［J］.学前教育研究，2004（7-8）.

幼儿绿色生活方式
行为素养养成教育研究的进展与现状

上海市浦东新区恒宇幼儿园 沈思涵

当下我国对绿色生活方式的研究已从人与自然关系的研究深入至人与人的关系及人与自我关系的研究。作为生态文明建设的必要手段,教育对生态经济、生态政治、生态文化和生态社会的建设都有着非常重大的意义。作为落实绿色生活方式教育的重要阵地,学校是有计划地、有目的地、系统地、持续地进行绿色生活方式教育的关键。各级各类的学校均须将绿色生活方式教育纳入课程设置,或与其他学科教学进行综合渗透,如在德育工作中,针对绿色生活方式教育,制订相应的目标、内容和方法等,培养受教育者的绿色生活方式意识、绿色生活方式情感和绿色生活方式行为习惯等。已有的不少研究都表明,幼儿阶段具有很强的可塑性,是人的各种行为和习惯养成的重要阶段,也是品德形成的关键期。因此,我们应该从幼儿园就开始启蒙幼儿的绿色生活方式意识,激发绿色生活方式情感,养成绿色生活方式行为习惯。我园以科学性、时代性和园本性为基本原则,以培养"生活习惯良好、生活态度积极、生活品质高雅的新一代儿童"为核心,提出和确立幼儿绿色生活方式行为素养生活态度、行为习惯、社会参与三个发展维度,以及"亲自然、有礼貌、能节俭、守规则、会合作、爱探究"六个行为要素。六个行为要素是有机的整体,相互联系,相互促进,在不同情境中整体发挥作用。

一、幼儿"亲自然"养成教育研究现状

幼儿园实施"亲自然"教育的目的是要让幼儿了解地球的生态环境,体悟人类与自然之间的密切联系。亲自然情感能够为幼儿进一步形成环保意识、情怀和品德打下基础。因此,幼儿园需要利用广泛多样的包含亲自然要素的教育内容,

以加强幼儿对自然环境的整体认知和感受，并激发幼儿在自然环境方面的好奇心和求知欲。

越来越多的研究证明，与自然的接触对于幼儿的重要性不亚于好的营养和充足的睡眠。大自然可以为幼儿提供很多锻炼和学习的机会，培养幼儿的亲自然情感，满足他们的好奇心，促进他们各方面的发展，包括提高身体运动能力，稳定情绪，提升幸福感，减轻压力，建立积极的社会关系以及增加亲子间、同伴间的互动等。幼儿在自然环境下会更加专注，不易焦虑。

苏联教育学家苏霍姆林斯基说过，"大自然是第一本教科书，是世界上最有趣的老师，她的教益无穷无尽"。打开与大自然接触的大门，可以为幼儿提供很多学习认知和运动锻炼的机会，满足幼儿的好奇心，促进幼儿各个方面的发展，包括提高身体粗大动作、精细动作水平，稳定波动的情绪，提升自身的幸福感，减轻外界带来的压力，建立积极向上的良好社会关系，以及增加亲子间、伙伴间的互动等。威尔斯和伊万（Wells & Evans）于 2003 年提出"自然缓冲假设"，认为经常接触自然、在自然中游戏的幼儿能够更好地应对突发压力事件，因为自然在其中发挥了重要的缓冲作用。① 研究表明，从小与自然建立起的积极关系可以一直持续到成年阶段。成人对自然的态度和行为受幼儿时期在自然中玩耍时间的影响，并会影响成人环保意识的形成。②

由此可见，保持幼儿与自然的亲近关系，培养幼儿的亲自然情感，不仅对人与自然的和谐发展起到积极的促进作用，还会对幼儿的成长与发展起着重要作用。

① MC CURDY L E, WINTERBOTTOM K E, MEHTA S S, ROBERTS J R. Using Nature and Outdoor Activity to Improve Children's Health［J］.Curr Probl Pediatr Adolesc Health Care, 2010,（5）: 102-117.

② BROWNING M H E M, MARION J L, GREGOIRE T G. Sustainable Connecting Children with Nature: An Exploratory Study of Nature Play Area Visitor Impacts and Their Management［J］. Landscape and Urban Planning, 2013, 119: 104-112.

二、幼儿"有礼貌"养成教育研究现状

有学者从如何培养文明礼貌行为的角度出发进行研究,以李春花为代表的学者,从教师、同伴、环境、家园这四个维度阐述了幼儿文明礼貌教育的策略。学者陈玲玲认为,对幼儿文明礼貌教育,班风建设不可忽视,班风班貌是建立在文明礼貌基础上的行为准则,同伴的影响、集体的意识、和谐的氛围可以让班上的每个幼儿都相互影响、相互促进,最后达到一种文明的境界。[①]杨佩芬认为,幼儿文明礼貌的形成是一个知、情、意、行的形成发展过程。[②]高韦指出,通过讲故事、看图讲述、学习儿歌等多种形式,具体形象地向幼儿讲解为什么要讲礼貌和告诉幼儿该怎样做一个有礼貌的人。[③]林碧英提出,培养儿童的文明礼貌,父母应成为幼儿的榜样。[④]

幼儿文明礼貌行为的内容相当广泛,幼儿对父母的基本礼貌是什么,与爷爷奶奶怎样相处,与叔叔阿姨怎样说话,这些都需要我们清楚幼儿到底该学习、掌握哪些文明礼貌内容。根据幼儿身心发展的特点确定的幼儿文明礼貌行为,必须是幼儿通过训练可以掌握的、与其生活紧密联系的、符合现代社会要求的行为规范。

总之,幼儿期是幼儿良好个性、品德形成的关键时期。幼儿礼貌的养成并不是一朝一夕的事,教师要抱着滴水穿石的态度,从一点一滴的细节抓起,运用多种办法、多种形式对幼儿进行文明礼貌教育和行为训练,将"有礼貌"的教育渗透到幼儿日常生活的各个环节,这是幼儿养成良好绿色生活方式必不可少的一个要素。[⑤]

---

① 陈玲玲.对幼儿文明礼貌、班风建设工作之见[J].成功教育,2008(9):211.

② 杨佩芬.幼儿文明礼貌的形成和培养[J].韩山师范学院学报,1995(4):140-142.

③ 高韦.教幼儿做一个有礼貌的人[J].现代家教,2002(12):36.

④ 林碧英.家庭中儿童文明礼貌的教育.[J].福建师范大学福清分校综合版,1990(1):33-35+38.

⑤ 田广平.浅谈幼儿文明礼貌习惯的培养[J].管理育人之道,2015(3):39.

三、幼儿"会合作"养成教育研究现状

关于幼儿合作性教育的策略及形式，学者孙贺群在《幼儿同伴合作学习的影响因素》中为幼儿合作性教育提出了五条建议：第一，选择和设计难易适中，群体性、开放性较强的学习任务；第二，根据幼儿的个体差异等因素合理建构学习小组；第三，教师引导幼儿对任务进行系统思考，并合理分工，适时介入合作学习活动中，给予幼儿恰当指导；第四，为幼儿创设良好的合作环境和氛围；第五，训练幼儿表达和倾听的技能，提高幼儿的观点采择能力，培养幼儿的社会交往技能，从而促进幼儿有效合作。[①] 这些研究表明，幼儿合作性教育的形式是多种多样的，包括根据合作目标设计游戏，或在自发性游戏活动中产生的随机性合作教育等。

如今，幼儿合作性教育研究日益受重视，研究的重点也从重幼儿合作能力培养，到重幼儿合作意识的培养，从中也透露出我国合作性教育日益关注幼儿合作情感在合作性发展中的重要意义。

四、幼儿"能节俭"养成教育研究现状

节俭教育是保护环境、改善环境、实现人类社会可持续发展的必经之路。学者褚海萍指出，幼儿园节俭教育的目的在于：第一，引导幼儿了解节俭生活的理念，进而带动他们的父母和家人积极地传承节俭生活的理念；第二，通过不同途径，引导幼儿初步养成节俭生活的良好习惯；第三，在养成节俭生活习惯过程中培养幼儿的社会责任感，懂得珍惜我们赖以生存的地球家园上的每一份资源；第四，引导幼儿正确消费，学习理财；第五，培养幼儿的意志力，学会自制，约束自己，教会幼儿懂得比心灵、比美德、比本领。[②]

当前，幼儿园开展节俭教育的主要形式多为渗透性的节俭教育活动和专门的节俭教育活动。但是，在实施的过程中，节俭教育内容选择不确定，目标不清晰，

---

① 孙贺群. 幼儿同伴合作学习的影响因素研究［J］. 东北师范大学学报，2008（5）：42.
② 褚海萍. 国内节俭研究现状综述［J］. 山西高等学校社会科学学报，2014（10）：32-36.

教育方法单一乏味等问题依然普遍存在。这些现象都与缺乏节俭教育理论的支撑是分不开的。

五、幼儿"守规则"养成教育研究现状

现阶段，国内外学者在此方面的研究着重体现在对幼儿的社会规则、情绪表达规则等各种类型规则的认知研究以及对幼儿秩序感的研究等领域。

《幼儿园教育指导纲要（试行）》中明确指出，"让幼儿理解并遵守日常生活中的基本的社会行为规则""在共同的生活和活动中，以多种方式引导幼儿认识、体验并理解基本的社会行为规则，学习自律和尊重他人"。

综上所述，培养幼儿知规则、守规则的意识和行为是一个持久的过程，绝不是一朝一夕就能让幼儿懂得并做到的。这需要多方面的共同努力，特别是需要幼儿园与家长通过多种渠道、多种活动来进行培养，让幼儿能够从日常生活的小事做起，慢慢树立起遵守规则的意识，逐步养成良好的遵守规则的行为习惯。

六、幼儿"爱探究"养成教育研究现状

信息时代的发展对于人们的学习能力提出了新的要求，探究式学习思潮已成为时代的主流，然而传统的继承性学习方式不足以满足时代发展的需要，这就需要对其加以改变。同时，由于新知识和新技术瞬息万变，知识更新和知识创新的周期越来越短，幼儿需要随时对未知世界进行探索，而探究式学习是培养、提高幼儿发现问题、探究问题、解决问题能力的最佳途径，而且这种学习方式有利于幼儿对知识进行自主建构。探究式学习的要求既体现了时代精神，也有助于培养时代所需的新型人才。我国传统的学科教育强调基础知识和基本技能的掌握，而忽视了幼儿探究意识和探究能力的培养，最终导致幼儿在知识的运用以及知识的迁移方面存在着严重的瓶颈现象，幼儿对于自身知识的应用意识以及运用已有知识进行创造的能力较弱，只是习惯性地机械模仿相似或相关的知识运用，在遇到新的问题情境时却无从下手。为了解决此类学科教育中的问题，教育改革势在必行。

教育部 2001 年 6 月颁布的《基础教育课程改革纲要（试行）》指出，要改变幼儿学习方式，改变课程实施过于强调接受学习、死记硬背、机械训练的现状，倡导幼儿主动参与，乐于探究，勤于动手，培养幼儿收集和处理信息的能力，获取新知识的能力，分析和解决问题的能力以及交流与合作的能力。课程改革的宗旨就是要改变传统的学习方式，倡导以幼儿为主体的探究式学习方式，同时这也是世界科学教育课程改革的趋势之一。

国内关于幼儿探究意识及探究方式的研究趋势也愈加成熟，如探究式教育游戏，探究式学习，探究能力的研究等。例如，学者胡蔓蔓从探究式教育游戏设计理念的视角，对探究式教育游戏做出了如下定义：探究式教育游戏是在虚拟的游戏情境中，利用教育游戏的交互、激励、反馈等机制，让幼儿体验虚拟的事件或真实发生的事件，并通过游戏关卡、任务的完成，逐步培养幼儿发现问题、解决问题的能力，进而培养幼儿的探究意识和能力，建构幼儿完善的知识体系，最终形成全方面的素养的一种学习、娱乐软件。[①] 幼儿探究性学习是自主和持续性的活动，必须对满足幼儿自由探索需要的区域给予持续的支持。幼儿探究区域的创设可包括：把每天幼儿关注的问题、感兴趣的事、现象等以形象直观的形式分类投放到区域中，引起幼儿关注，让幼儿从中发现问题；提供充分的探索活动，让幼儿在活动中体验成功的快乐，养成良好的探究习惯；用正确方法评价探究活动，提高探究活动效果，并及时鼓励幼儿的探索活动和成果。

在幼儿教育中，只要教师能根据幼儿身心特点出发，有效地开展适合他们的探究活动，就可以让幼儿在探究性活动中获得乐趣，体验成功，得到长远的发展。

"亲自然、有礼貌、会合作、能节俭、守规则、爱探究"六大行为素养集中体现了可持续发展教育对现代社会幼儿成长的要求，是幼儿绿色生活方式教育内涵的核心内容。

---

① 胡蔓蔓. 探究式教育游戏设计与开发［D］. 济南：山东师范大学，2014：209-210.

开启玩具创新玩法，
培养幼儿的节俭习惯

上海市浦东新区恒宇幼儿园　张琳凤

一、研究缘起

［案例］

衡衡、倩倩、沈沈坐在一起玩玩具。倩倩拿着新买的魔法棒左右挥舞，沈沈跟着左右摇摆，衡衡边看同伴的互动边摆弄自己的小汽车，觉得自己的小汽车显得特别破旧。

教师走近衡衡，开起了玩笑："衡衡，你的玩具车很古老啊！"衡衡马上缩回了自己摆弄小汽车的双手，低下头把玩具车放进了口袋。教师看到这一幕拥抱了衡衡，说："我和你一样喜欢这辆小汽车，它看起来和你有过很多有意思的故事。"衡衡听了重新拿出小汽车继续摆弄。

首先，案例中的倩倩和沈沈在玩新玩具，两个人互动良好，而衡衡的旧汽车并没有引起倩倩和沈沈的关注。其次，衡衡的玩具小汽车虽然破旧，但他很愿意玩。教师的玩笑话引起了他的不适，他开始否定自己的玩具，表现对自己的玩具不够自信，可能仅仅是因为他的汽车不是新的。当教师肯定他的玩具后，他才放松下来。可见，孩子们的节俭意识存在偏差，他们偏向新玩具，摆弄旧玩具的小朋友并不自信。

二、研究价值

人们的消费观念随着经济收入的增加而改变，吃讲营养，穿讲得体，用讲顺心。成人盲目花钱、随便浪费的行为往往会影响到孩子，孩子看在眼里记在心里，节俭的行为习惯离幼儿越来越远。例如，一大部分幼儿对节俭这一品质的体验并不深刻，表现为对同伴的旧玩具不感兴趣，厌弃自己的旧玩具等。

节俭习惯是幼儿绿色生活方式养成中的一项基本内容。要想下一代继承和发扬勤俭节约的传统美德，就要从小培养。通过玩具创新玩法的研究，希望培养孩子们节俭意识和节俭习惯。

三、概念界定

（一）玩具创新玩法

玩具创新玩法指打破玩具本身固有的功能性玩法，以多元手段，探索出更多不同的玩法。本研究中，玩具创新玩法指幼儿玩玩具过程中，除了根据玩具固有的指向性玩法，还能生成出不同的创造性玩法。例如，玩小汽车除了可以开来开去，还可以有首尾相接进行火车游戏，或小汽车捉迷藏等不同玩法。

（二）节俭习惯

本研究中，节俭习惯指对某一玩具的物尽其用，减少因玩具过多造成的浪费行为，进而提升节俭意识。

四、研究结果与分析

（一）研究结果

1. 问卷

发放调查问卷 33 份，回收 28 份，回收率为 97%，剔除未填写完整的无效问卷 4 份，保留 24 份。

表 2-1　问卷调查情况

问题	家长回答		
喜欢新玩具还是旧玩具？	新玩具（92%）	旧玩具（0%）	无所谓（8%）
家中有多少玩具？	10—20 个（8%）	20—30 个（42%）	30 个以上（50%）
多久买一次玩具？	一周一次（13%）	两周一次（50%）	三周以上（37%）

2. 交流访谈

班级内进行交流访谈，约谈 33 名幼儿，出勤 33 人，访谈率为 100%，没有无效访谈记录。

表 2-2　访谈情况

问题	幼儿回答		
怎么玩小汽车？	一种玩法（75%）	两种玩法（25%）	两种以上（0%）
觉得一直买玩具浪费吗？	是（100%）	否（0%）	还好（0%）

调查显示，所有孩子都知道经常购买玩具是浪费的；92% 的孩子更喜欢新玩具，没有孩子喜欢旧玩具；他们购买玩具的频率也很高，半数孩子两周就会添置一种新玩具，13% 的孩子一周就会购买新玩具；另外，75% 的孩子只想到一种玩法，能使用两种玩法的孩子占 25%。

可见，幼儿家中新玩具的购买频率普遍很高，以至于家中玩具的数量非常多。同时，幼儿使用玩具的玩法单一，形式简单。

（二）研究结果分析

1. 家长的迁就、纵容助长了幼儿浪费行为

玩具店、公园等游乐场所中各种坑具摊位、超市里的玩具区、手机设备上购物 APP 等等都让孩子一日生活中的视线离不开玩具。当孩子的欲求得不到满足时，哭闹、争吵、撒娇等作为他们常用的方法，往往迫使家长迁就和纵容。家长的退让逐渐养成了幼儿不珍惜玩具。

2. 家长缺乏具体有效的教育方法

大部分家长认同要少买玩具，也同意将玩具物尽其用是重要的节俭方式，但在教育上除了说教、讲故事等方式外，家长很难找到其他方法来更高效地引导孩子。

3. 同伴攀比

幼儿交往能力在集体生活中得到快速提高。孩子们的互动途径很多来自交换玩具或互赠礼物。没有新玩具的刺激，怎么才能引起更多同伴的关注呢？显然，新玩具带来的自豪感不断助长这种攀比之风。

4. 幼儿玩玩具方法单一

当有新鲜玩具呈现在孩子面前时，孩子的注意力会立刻被新玩具吸引。他们在探索新玩具的过程中获得快乐，逐渐认为旧玩具不如新玩具富有吸引力。当孩子缺乏想象，单一地使用玩具时，旧玩具的价值容易被幼儿忽视。

（三）幼儿玩具创新玩法的内容与途径

1. 开展丰富多彩的幼儿园活动

孩子每天 8 小时的幼儿园活动是他们现阶段主要的体验渠道。我们希望，通过不同形式的活动，使幼儿真正意识到玩具不在于多、不在于新，而在于玩出乐趣与智慧。

（1）原创集体教学活动

根据中班主题"玩具总动员"内容，我们设计了"胖熊的玩具橱"活动。幼儿在观察、猜测、操作、表演中理解内容，知道买很多玩具很浪费，愿意体验旧玩具新玩法的乐趣。

表 2-3 "胖熊的玩具橱"教学片段

活动内容	回忆再现： 分享交流自己的玩具橱。	观察讨论： 数出胖熊玩具橱里玩具的数量。	角色扮演： 胖熊扮演者把各种玩具分享给同伴。
幼儿回应及表现	喵喵：我和我弟弟用一个玩具橱。 浩浩：我有很多很多的奥特曼。	纹纹：有很多很多玩具，我数不清了。 阳阳：胖熊的车子也太多了吧。	敏敏（胖熊扮演者）：和大家一起分享玩具，我用不着这么多。

活动主要分为三大部分：回忆再现、观察讨论和角色扮演。孩子们能从满溢的玩具橱里发现胖熊的浪费，在纠正胖熊的过程中，反思自己平日里的浪费行为，如"常买新玩具""玩具没玩几天就不喜欢了"等。

（2）渗透在学习、运动、生活、游戏活动中

通过学习、运动、生活、游戏系列活动，让幼儿体验旧玩具可以有新玩法，逐渐养成节俭的优良品质和习惯。

研究发现，孩子大部分都经历了三个过程，即玩具限量、玩具调整和玩具再造。我们从学习、运动、生活、游戏四大板块着手，引导幼儿将玩具玩熟、玩透、玩出新创意。

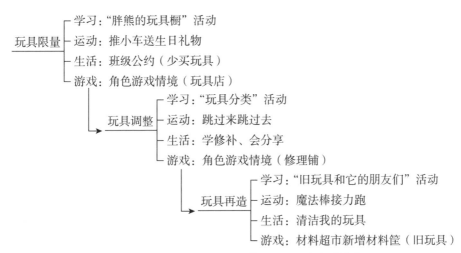

图 2-1　玩具限量、玩具调整、玩具再造系列活动

2. 举办各类班本活动

（1）整理玩具活动

孩子在家进行一次玩具橱的大整理，通过合理的分类与记录，将自己玩具橱进行一次统计，算一算自己哪类玩具最多，并将数字记录下来。统计的同时，整理出一些旧玩具，可以将旧玩具带到幼儿园。

（2）主题班会活动

在班级召开一个主题班会活动"小小玩具里的记忆"。各类旧玩具分类摆放后，幼儿通过观察与讨论这些旧玩具，如分享和这个玩具有关的经历，重拾对旧玩具的兴趣。

图 2-2　"小小玩具里的记忆"主题班会

（3）玩具"漂流"活动

玩具"漂流"是旧玩具得到可持续使用的新方向。幼儿在与同伴协商后，自主交换玩具并将其带回家。自己玩得厌烦的玩具到了别人手中就重新获得了价值。这份寻常的快乐蕴含勤俭节约的教育意义。通过交换，同一玩具被孩子们轮流使用，使用频率增加了，教育价值提升了。对玩具的玩法越多，买同类玩具的频率就会减少。

（4）亲子制作倡议海报

合作式的游戏方式无疑是节俭的重要手段，但也难免会限制幼儿一物多玩的能力。亲子制作海报《我的玩具玩法多》补足了这项不足，在搜集各种方法后，拓宽了游戏的无限可能。幼儿更在观摩同伴海报时激发了物尽其用的意识，提高了创新玩法的能力。

3. 调整环境创设

幼儿特别愿意去观察墙面上的画面及一些细微的改变。围绕玩具创新玩法的内容，教室内的一面墙发生了几番变化。

（1）墙面变化一

每个孩子将自己最喜欢的玩具和玩具的玩法用记号笔画下来，一幅幅作品像一张张"玩具说明书"。"玩具说明书"贴在墙面上后，孩子们喜欢三三两两地围在一起讨论同伴的玩具。这面墙也渐渐成为他们茶余饭后的谈资。有些孩子将同伴的玩法迁移到自己的玩法中。

（2）墙面变化二

"玩具说明书"主题墙面推进了幼儿一物多玩的意识与能力，培养了节俭习惯。幼儿对"玩具说明书"的热情持续时间很长，在自由活动中，经常会听到"在家爸爸妈妈和我怎样玩玩具"的聊天片段。因此，我们倡议家长和孩子一起做一张亲子海报"我的玩具玩法多"。海报内容即家里的旧玩具的创新玩法。当"我的玩具玩法多"海报张贴在墙面上后，孩子玩玩具的能力得到了提高，具体表现在玩同一种玩具的时间变长，玩同一种玩具的玩法增加，对新玩具的期待不再那么强烈……

图 2-3 "我的玩具玩法多"主题墙

（3）墙面变化三

在"玩具说明书""我的玩具玩法多"的助力下，孩子们的记录兴趣高涨，因此在后续的墙面互动上，幼儿随时拿取笔和纸将自己玩玩具的方法记录下来，可以是一个新玩法、一个小细节，甚至是一个有趣的片段……在玩具的创新玩法过程中，幼儿逐渐养成节俭的习惯和品质。

4. 玩具与材料

（1）提供玩具与废旧材料

每个班级都会有"材料超市"，教师将海绵、瓶子、吸铁石、扭扭棒等材料分类摆放在这一区域中。在一日活动特别是角色游戏中，幼儿使用"材料超市"的频率最高。结合本次研究，增加"材料超市"的空盒子，置放幼儿搜集来的旧玩具及材料。

图 2-4　材料超市

［案例］

形形拿着自己的玩具娃娃开始摆弄，她坐在靠近"材料超市"的桌子旁，眼睛一直盯着"材料超市"里的吸管与瓶子，还经常看向教师。三分钟过后，形形走到教师面前，问："老师，我可以拿材料超市的材料吗？"教师回答："当然可以。"随后，形形笑嘻嘻地跑到"材料超市"，挑选了大大小小几个瓶子、各色吸管后，回到她原来的座位。她将小瓶子整齐地摆放在娃娃面前，拿起大瓶子假装往小瓶子里倒水，又在每个小瓶子里插上不同颜色的吸管，然后对娃娃说："宝宝，给你一杯草莓汁吧。"博博拿着玩具车坐到形形身边后，对玩具娃娃说："要不要坐我的车？"

分析与思考：形形喜欢将玩具和各种材料进行组合与创造，不同的组合方法呈现出不同的游戏情境。废旧材料的使用让孩子在游戏里丰富了体验，慢慢地，节俭的意识就像小种子般植入孩子的心田。

图 2-5　搭建牛奶盒轨道

［案例］

峰峰坐着喝牛奶，保育员问教师："喝完后的牛奶盒要不要？"教师还没来得及回应，峰峰对保育员说："阿姨，这些牛奶盒我要的，等会我的火车可以在这些牛奶盒轨道上开。"

分析与思考：峰峰的节俭意识已经逐渐形成，他知道扔掉牛奶盒比较浪费，是没有做到物尽其用的表现。

（2）提供玩具与修补材料

对幼儿而言，玩具坏了绝对是一个坏消息，他们能想到的是寻求帮助。若成人在此刻没有给予帮助，久而久之，孩子心中就会萌发出"玩具坏了就坏了""再买一个新的"等想法。

若能让幼儿参与修理玩具，玩具修好后仍然可以继续使用，就能提高幼儿的节俭意识。所以，教室中出现了修补角，修补角中提供胶带、剪刀、纸等修补材料，便于幼儿简单处理破损的玩具。

5. 家庭中渗透

习惯的养成需要长时间坚持，若忽视家庭教育的作用，节俭习惯的培养则会被中断，不利于习惯养成，甚至起相反作用。因此，家庭中节俭习惯的培养势必要与幼儿园步调一致。

（1）搜集材料

① 废旧材料

孩子获得玩具创新玩法的经历后，尤其是将废旧材料与玩具紧密互动后，他们会更关注废旧材料。观察发现，不太愿意使用废旧材料的孩子在玩玩具过程中玩法较单一，持久性一般。问卷调查发现，幼儿在家中玩具越多，越不喜欢使用废旧材料；幼儿在家中玩具越少，越喜欢使用废旧材料。

［案例］

很多家长认为，孩子的玩具只能是现成的比较精美的玩具，忽视废旧材料。因此，我们开展了"搜集废旧材料"活动，呼吁孩子将可以使用的材料进行整理归类。在家中，可以安置"材料超市"，也可以将家中的旧材料带到幼儿园。有了集体活动的正向刺激，越来越多的孩子开始喜欢使用废旧材料。

② 家庭修补角

当幼儿在教室的修补角中获得成功体验后，他们希望在家也能修补玩具，但父母及祖辈都拒绝让他们在家中修理玩具。通过家长访谈发现，家长也有自己的顾虑：家庭中玩具种类复杂，而且部分玩具存在一定的危险性，不便让幼儿修补。

但幼儿可以修一些安全性比较高的玩具。经过协商后，修补玩具在家庭中展开了。家庭修补角很好地弥补了幼儿在园所不能修补的玩具种类，提高了幼儿的修补能力与节俭意识。

（2）在记录中回味与提升

① 创意玩法随心记

观察记录是幼儿思维成长的重要工具，创想后的记录体现出孩子近阶段所热衷和擅长的内容。"创意玩法随心记"可以记录幼儿在家庭中所热衷和擅长的玩具玩法。充满仪式感的本子画满了创意玩法，更体现了节俭的点点滴滴。

② 阶段性地整理与统计

在幼儿"创意玩法随心记"后，家长反映孩子特别喜欢回看自己之前记录的内容，甚至对自己的记录本爱不释手。随着活动的进行，记录内容也会越来越多，阶段性地整理与统计便于发现孩子最近的发展情况。整理与统计的过程是幼儿节俭习惯养成的阶段小结，同时又能激励幼儿探索更多的创意玩法。

（四）幼儿玩具创新玩法的策略

1. 教师为幼儿提供支架

整个实践研究过程中的所有活动都应遵守这个原则：教师提供支架，幼儿自主探索。教师的位置应在孩子的背后，孩子才是活动的主体。

在进行各项活动设计时，教师都以观察记录者的身份走进孩子，在孩子不曾察觉的时候发现孩子的诉求。当孩子还处于懵懵懂懂并未能体会创意玩法的益处时，教师要做的就是，给孩子一个阶梯，让孩子自己进行突破与发现。

2. 增加玩具创新玩法的体验感

有些教育方式，成人觉得对孩子提高节俭意识是有帮助的，但实际上，在孩子心中可能很难产生共鸣。例如，说教式的谈话活动，孩子们在当时都知道要节俭，尽量少买玩具，可是实际上他们做不到。只有基于儿童视角，增加玩具创新玩法的体验感，才能切实提高节俭意识。

3. 循序渐进地跟踪式调整

实施方案永远需要考虑幼儿，为幼儿的真实变化做出循序渐进的跟踪式调整。研究发现，若一项内容单独呈现或单独进行时，活动中幼儿的兴趣及幼儿的节俭习惯都很难有所突破。

表2-4　幼儿园修补角的三次调整

	第一次调整	第二次调整	第三次调整
提供材料	塑料胶带、剪刀	海绵胶、胶布、剪刀	海绵胶、胶布、剪刀、水彩笔
幼儿使用情况	苏苏的玩具口红坏了，于是用剪刀剪了一节胶带贴到塑料口红上。苏苏拿着修好的玩具口红想给萱萱涂上，玩具口红又断了，苏苏再次去修补角进行修补。	安琪魔法棒上的珠子掉了，她剪了一小段海绵胶将珠子贴在魔法棒上；玩具娃娃的大腿掉了一点颜色，丫丫在修补角拿出剪刀剪下一段胶布贴在掉色的区域。	洋洋的娃娃机被大家轮流使用，娃娃机贴纸上的颜色越来越旧。于是，洋洋用彩笔在贴纸上画了一些小花。
分析与思考	苏苏再次使用的时候，玩具口红又断了，可见，用塑料胶带修补的玩具不牢固。	新添加的海绵胶和胶布的黏性比塑料胶带要强。虽然最后丫丫解决了颜色掉落的问题，但只是凑巧可以用胶布替代解决。	洋洋进入修补角后很自然地选取彩笔进行修补，修补的过程自然而连贯。洋洋对修补后的玩具很满意。
调整方向	改变修补材料的材质，让幼儿真正有修补玩具后玩具能继续使用的体验。	增加彩笔等材料，为幼儿修补玩具提供新材料。	继续观察幼儿在修补角的片段，再进行材料调整。

三个阶段的玩具修补效果逐渐增强，幼儿可使用的材料也越来越多元。第一阶段只提供了塑料胶带和剪刀，第二阶段调整为海绵胶、胶布、剪刀，调整后的材料让幼儿的体验获得提升。随着幼儿修补玩具的活动继续开展，活动材料的缺口不断扩大，因此，第三阶段材料调整为海绵胶、胶布、剪刀和水彩笔。一次次的跟踪式观察与材料调整为幼儿提供一个循序渐进的平台，幼儿在阶梯式材料投放中逐步获得成长。

4. 搭建匹配一致的家园桥梁

调查发现，家长在观念上都认可少买玩具非常重要，但在教育上缺乏具体方法。所以在整个实践研究的过程中，每一次的活动与调整都及时与家长跟进，并及时将幼儿的最新情况与家长分享，力求在教养方式上做到家园一致，为幼儿创新玩具玩法提供助力。例如，在幼儿园设置修补角后，孩子们希望在家中也有玩具修补角。可是这样的想法受到了家长的质疑，协商与调整后，家庭修补角终于实现，幼儿更在修补角的完善中提升了节俭意识。

表 2-5　家庭修补角的三次调整

	第一次调整	第二次调整	第三次调整
能修补的玩具	1. 手脚脱落的玩偶 2. 撕坏的贴纸	1. 手脚脱落的玩偶 2. 撕坏的贴纸 3. 细小、毛躁的玩具	1. 手脚脱落的玩偶 2. 撕坏的贴纸 3. 细小、毛躁的玩具 4. 断裂的玩具
能够使用的材料	剪刀、贴纸、彩笔	剪刀、贴纸、彩笔、砂皮	剪刀、贴纸、彩笔、砂皮、强力胶
幼儿与成人的互动	不需要成人看护	成人看护下用砂皮磨	在成人指导下使用强力胶

由上表可见，幼儿已然对修补玩具这项任务驾轻就熟。家长也慢慢从不敢放手变成愿意考量孩子的具体情况后进行支持。孩子们在一次次的放手中体验到修理玩具带来的成就感。看上去不起眼的事，却是孩子逐步养成节俭意识与习惯的动力。幼儿乐于修补玩具的真正动机是，幼儿心中已经逐渐形成的"玩具坏了可以修""玩具修完可以继续使用"的节俭意识。

五、研究成效

（一）节俭意识增强

通过玩具创新玩法的实践研究，幼儿的节俭意识得到明显提高。对比研究前幼儿特别喜欢新玩具的现象，研究后期，幼儿的表现发生了很大的变化。

首先，幼儿不再只喜欢新玩具，他们也喜欢旧玩具。每周带来的玩具中，大部分都是旧玩具；自由活动时，也很少听到孩子互相攀比自己新买的玩具；在玩具交换的过程中，也能欣然接受别人的旧玩具。

其次，幼儿知道物尽其用也是节俭的一种方式。学会一物多玩，能让一件玩具发挥它最大的使用效率。孩子们在玩玩具的过程中提升了节俭的意识。

（二）节俭习惯养成

节俭习惯的养成是相对比较困难的一件事情。为何短短几个月实践后，幼儿节俭的习惯开始养成了呢？玩玩具是幼儿生活中必不可少的环节，孩子们常常喜欢新玩具是因为新玩具能带给他们新的刺激、新的情境和新的乐趣，若找到合理的方式改变旧玩具的弊端，就能推进幼儿玩旧玩具的乐趣，进而养成节俭习惯。

第一，幼儿会主动搜集废旧材料。他们发现废旧材料可以辅助他们把玩具玩得更有趣，所以平日里会主动搜集他们需要的废旧材料。在这个过程中，孩子们的节俭习惯逐步养成。

第二，幼儿会修补废旧玩具。之前，坏了的玩具一般会有两个结果，要么成人帮助修理，要么被幼儿舍弃。当放手让幼儿自主修理破旧玩具后，孩子们对被修理好的玩具格外珍惜，也对自己的修理过程感到自豪。修理玩具的行为不仅提高了幼儿的节俭意识，也让这种意识成为常态，成为习惯。

（三）创新能力提高

幼儿玩玩具的方式方法越来越多，创新能力提高了，孩子们更愿意想象创造，也更愿意使用废旧材料。

一方面，幼儿在玩玩具的时候更愿意展开想象创造。幼儿根据同伴间不同的玩具组合能够创想出不同的游戏情境与方式。玩玩具没有固定模式和思维，只要敢想、敢做、敢创造，每一次的游戏都会千变万化。

另一方面，幼儿使用废旧材料的方式越来越多。孩子们开始喜欢将不同材料配合玩具进行重组游戏，如给娃娃喝果汁，用海绵清洁汽车等，后来可以使用同一种材料配合玩具产生多种想象和利用，如早上假装娃娃在用海绵洗澡，下午就用海绵给娃娃造了一个游泳池……

六、研究反思

（一）关于节俭习惯的反思

对于孩子而言，节俭习惯就是他们做一些力所能及的事情，如搜集废旧材料，使用废旧材料，一物多用，不浪费等。情景化、游戏性的活动更利于幼儿养成节俭习惯。

（二）关于玩具创新玩法与节俭习惯培养关系的反思

在幼儿节俭习惯培养的过程中，我们需要考虑的是，如何为幼儿开辟符合幼儿视角的切入口。玩玩具就是一种情景性多、游戏性高的活动，是一个有效的切入口。玩具创新玩法克服了原先幼儿不断购买新玩具的浪费现象，提高了幼儿的节俭意识。所以，玩具创新玩法能推动幼儿节俭习惯的培养。

幼儿园一日生活中
幼儿节俭习惯养成的实践研究

上海市浦东新区恒宇幼儿园　佘宁

一、研究背景

在幼儿节俭习惯养成教育的态度上，代际差异远比夫妻差异高。代际差异主要表现在：年轻父母更多关心的是幼儿将来的社会角色，追求新思潮，力图与时代吻合，想要将自己未实现的愿望在幼儿身上获取实现和补偿，所以往往期望过高，标准过高；而老人们则往往追求代际延续，对孩子关爱有加，百般溺爱。因为种种差异，代际冲突时常发生，主要表现在幼儿穿衣、洗澡、户外活动、饮食、节俭习惯等诸多方面。同时，夫妻双方在幼儿节俭习惯养成教育态度方面因为观念的不同也会引起冲突，主要表现在模式上的不一致。家庭成员一方面对幼儿过分控制，严格标准；另一方面又对幼儿溺爱，致使不少幼儿以自我为中心，形成任性、依赖、懒惰、铺张浪费等不良品质。此次研究结合幼儿节俭习惯养成教育的特点，进行了多样化研究，通过各种途径向家长宣传科学的育儿理论，帮助家长树立正确的节俭观念。

二、研究实施

（一）研究时间

2018 年 9 月至 2019 年 6 月。

（二）研究方法

主要采用文献资料法、行动研究法、案例研究法、经验总结法。

（三）研究阶段

1. 准备阶段（2018 年 9 月—2018 年 10 月）

确定研究思路，收集一日活动中各类事件反映出的一些浪费问题，以记录、照相、视频的方式呈现。

2. 实施阶段（2018 年 11 月—2019 年 4 月）

丰富幼儿节俭经验，逐步开展节俭教育；强化幼儿节俭意识，扎实开展节俭教育；让节俭成为自觉性行为，扩展幼儿节俭教育。

3. 总结阶段（2019 年 5 月—2019 年 6 月）

对研究结果进行整理、分析、归纳与总结。

三、研究结果与分析

（一）幼儿节俭习惯养成教育的不足之处

1. 幼儿节俭习惯养成教育意识欠缺

幼儿教师队伍素质的参差不齐导致对幼儿节俭习惯养成教育的认识不足，致使部分教师片面迎合家长和社会的要求，盲目超前教育，忽略了良好习惯的培养。幼儿园为了展示自己看得见的教育成果，在教育过程中侧重于知识的灌输，即使有节俭习惯养成教育活动，也是简单的操作游戏。如此一来，节俭习惯养成教育根本目标无法实现。

2. 幼儿节俭习惯养成教育质量不佳

首先，教师对节俭习惯养成教育态度不正确，对节俭习惯养成教育不够重视，热情不高。因此，在节俭习惯养成教育培养课程上，教师态度非常消极。

其次，教师与幼儿在活动上的交流过少，久而久之，使得幼儿对于节俭习惯养成教育的兴趣慢慢降低。积极、和谐的活动氛围更利于幼儿提高对节俭习惯养成教育的兴趣。如果教师的情绪与态度过于消极，采用高压政策来对待幼儿，那么活动效果将会收效甚微。

3. 幼儿节俭习惯养成教育形式单调

幼儿节俭习惯养成教育形式单一，比较枯燥乏味，缺乏对幼儿群体的吸引力，从而导致幼儿节俭习惯养成的滞后性。

（二）幼儿节俭习惯养成教育策略

1. 创设环境，激发幼儿的节俭意识

幼儿园环境是幼儿节俭习惯养成教育的重要载体。从某种角度来说，它就是一种隐形的教育。幼儿园环境创设应与幼儿身心发展的特点和需要相适宜。在环境创设的过程中，要加强幼儿与教师的合作，教师要有让幼儿参与环境创设的意识。

（1）节约用水——厕所环境创设

在幼儿洗手池上方，张贴节约用水的标识语，并配有卡通图片，让幼儿意识到，在日常生活中随时要注意节约用水。

图 2-6　节约用水示意图

在厕所的一角，我们也出示了水可以重复利用的示意图，这些示意图都是小朋友画的。在创设的过程中，丰富了幼儿水可以循环利用的知识，也培养了节俭意识。

（2）节约用电——电灯开关环境创设

电灯开关是幼儿一直会接触到的，电灯附近张贴了"节约用电"以及"随手关灯"的标识语。平常会让幼儿自己去开关灯，每当他们开关灯的时候，都会说这句标识语，这也在潜移默化中巩固了他们的节俭意识。

图 2-7　随手关灯的标识语

（3）节约用纸——美工区环境创设

在个别化学习活动中，幼儿会自发地去拿纸进行他们的艺术创作。为了防止纸张浪费，我们将纸量减少，但是，经常会听到："老师，纸没有了！"我们又会拿出一叠纸，但不一会儿就被他们一抢而空。我们发现，有些画纸就画了一点点就被扔了；有些画纸被剪了一刀，但实际使用的那一块面积却很小。所以，我们在美工区的墙面上也贴了卡通图，暗示幼儿要节约用纸。

图 2-8　节约用纸示意图

2. 言传身教，为幼儿树立良好的榜样

言传身教很重要。《幼儿园教育指导纲要（试行）》中指出，"幼儿教师的态度和管理方式应有助于形成安全、温馨的心理环境，言行举止应成为幼儿日常节俭经验的好榜样"。教师应该从自己做起，从小事做起，当好幼儿的榜样。

（1）教师的榜样

幼儿园孩子都有爱模仿的天性，教师的榜样是非常重要的，教师的一举一动、一言一行都很容易被孩子模仿。所以，教师在面对孩子时，应该更加严格要求自己，在任何时候、任何情况下都要做到这一点，为幼儿树立良好的形象和榜样。

（2）家长的榜样

日常生活中，如果父母不注意节俭，孩子花钱也会大手大脚。因此，家长要时时注意以身作则，引导孩子树立正确的消费观，从而养成良好的生活习惯。一位家庭心理学家这样说："给孩子太多，会令他们误以为追求物质就是快乐之源。"现在许多父母的通病便是对孩子有求必应，有的甚至不用孩子开口就送上前去，长期下去，就会使孩子们养成攀比、讲排场的不良习惯。所以，父母要学会拒绝孩子的无理要求，对孩子进行勤俭节约的教育，使他们懂得节俭的道理和好处，只有这样，才能使孩子真正养成勤俭节约的良好习惯。从小教育孩子树立"节俭光荣，浪费可耻"的思想，通过讲解古今中外节俭的故事，让他们明白"细水可以长流，节俭也是财富"这个浅显而又深刻的道理，从而引导他们树立正确的消费观和价值观。

（3）同伴的榜样

心理学家们认为，在幼儿的人际交往中，同伴交往是幼儿最需要的。同伴交往有利于幼儿形成良好的社会适应能力；有助于幼儿形成积极的情感；有利于幼儿认知能力的发展。因此，幼儿良好的同伴关系对幼儿的心理健康和身心发展都至关重要。

［案例］

我班设立了许多不同岗位的值日生，浩浩是纸张管理值日生，他的工作包括整理图书，整理纸张等。峰峰在美术区域画画，他画到一半时，觉得自己画得不是特别好，想重新再画一次，但是柜子里的纸张都被小朋友们拿光了。出于无奈，他向我求助，还没等我开口，浩浩就拿着他的作品翻过来说："你可以反过来画呀。"峰峰觉得他说得有道理，于是高兴地在纸的反面画起来。

浩浩这样的行为让人感到非常欣喜，一方面是他秉持自己值日生的岗位意识，随时为小朋友提供帮助；另一方面他能主动地解决问题，并且以一种节俭的方式去解决。在浩浩的提醒下，峰峰也能欣然接受用纸的背面画画，看来节俭意识已然在他们心中逐渐发芽。

图2-9　放在盒中的废纸

3. 随机教育，教授幼儿各种节俭方式

在一次美术活动中，需要幼儿用剪刀把它们所画的东西沿着轮廓剪下来。在示范讲解的时候，教师直接将自己剪下来的碎纸放进小盒子，再对幼儿说："剪下来的纸还是可以用的，放在盒子里，下次可以用这些碎纸来装饰或者完成一幅更好看的作品。"幼儿在自己

操作时，也牢记教师的话，把碎纸都集中放在盒子里。通过言传身教的方式，教师示范了一种节约用纸的节俭方式，在实际操作中，幼儿牢记于心，既保持教室桌面和地面的干净整洁，又能将废纸再利用。

在午睡前，如果还有多的时间，还能给幼儿讲一些名人节俭的故事，如季文子以节俭为荣，周太祖勤俭治国，李世民节制奢华，王安石不讲吃穿，岳飞清廉克俭，毛主席穿旧棉袄，周总理的衣服打补丁……

4. 变废为宝，丰富幼儿日常的节俭经验

教师应该尊重幼儿的个体差异，并把它当作一种资源来开发，这样才能调动每个幼儿节俭的积极性；才能创设有利于幼儿发挥自己特长，张扬自己个性的氛围；才能充分挖掘每个幼儿的潜能，从而使每个幼儿都能养成节俭的习惯。

变废为宝是幼儿园的一大特色。园内到处可见教师、幼儿、家长利用各种废旧材料（碎纸、快递盒、废旧塑料管、一次性杯子、酸奶瓶等）制作的作品。

图 2-10 用碎纸制作的《小鱼》 图 2-11 用碎纸制作的《太阳》

各班都有废物收集百宝箱，教师经常收集吸管、旧牙刷、塑料瓶、酸奶盒等，以身作则，让幼儿从小养成"节俭资源，保护环境"的美德。

图 2-12 废物收集百宝箱

5. 结合活动，强化幼儿的节俭意识

从各类活动入手，采取多种途径、方法开展节俭教育。

表2-6　教学活动"水是宝"节俭教育

节俭活动		
幼儿开展	教师开展	家长开展
1. 各科领域活动 2. 主题教学活动 3. 区域游戏活动 4. 户外体育活动 5. 幼儿特色活动 6. 幼儿园亲子活动	1. 组织幼儿积累日常的节俭经验 2. 组织节俭主题系列活动 3. 设计节俭主题系列方案 4. 自制各类有关教具	1. 问卷调查 2. 亲子活动 3. 家园联系 4. 家长讲座

附："水是宝"活动方案

一、活动目标

1. 帮助幼儿萌发节约用水、保护水资源的意识。

2. 帮助幼儿了解水的用途，知道水对人类、动物、植物的重要性。

二、活动准备

1. 请家长配合，生活中注意节约用水，并有意识地引导幼儿节约用水。

2. 地球上可饮用水示意图。

3. 歌曲《水龙头不哭了》、儿歌《水是宝》。

三、活动过程

1. 教师请幼儿欣赏儿歌《好渴好渴想喝水》，引出对水的作用的讨论。

2. 出示地球上可饮用水的示意图，让幼儿知道地球上可饮用的水资源是非常有限的。

3. 欣赏儿歌《水是宝》，让幼儿进一步理解水与人类生活的关系，并且让幼儿想象：假如没有水，我们的生活会怎样，让幼儿更深刻地体会水的重要性。

4. 引导幼儿进行讨论：该如何节约用水（随手关紧水龙头；刷牙时，尽量用漱口杯装水，不要开着水龙头让水哗哗地流；洗碗时，先把水放盆里，再放碗盘清洗；洗澡多用淋浴，且最好采用喷水量小的喷头等）。

5. 欣赏歌曲《水龙头不哭了》，并鼓励幼儿在音乐的伴奏下大胆表演。

四、活动延伸

幼儿与爸爸妈妈共同讨论节约用水的好办法，在生活中身体力行，并与同伴一起交流好的节水经验。

参考文献：

[1] 乌焕焕，康松玲.幼儿节约习惯养成观察教育问题分析与培养建议[J].早期教育（教科研版），2018（3）.

[2] 张苹.城市青年家庭育儿经济幼儿节约习惯养成及其影响因素分析——以上海市为例[J].早期教育（教科研版），2018（1）.

[3] 卢艳.城乡0—3岁幼儿节约习惯养成观察教育存在问题及策略研究——以四川省眉山市为例[J].教育导刊（下半月），2017（11）.

[4] 李艳艳.家、园、社会参与幼儿家庭教育现状的对比研究——以达州市为例[J].早期教育（教科研版），2017（9）.

[5] 王莹.0—3岁亲子图画书阅读的问题分析及对策研究[D].济南：山东师范大学，2017.

[6] 廉文.美国伊利诺伊州《0—3岁早期幼儿日常的节俭经验指南》研究[D].重庆：西南大学，2017.

[7] 陈莉莉，嵇婷婷.公益早教，不忘初心——无锡市机关幼儿园0—3岁公益早教活动小记[J].好家长，2017（6）.

[8] 郝丽姝.0—3岁幼儿早期音乐教育的必要性及实践策略研究[D].哈尔滨：哈尔滨师范大学，2016.

[9] 王燕，邓明.幼儿早期教育供应中的问题及对策[J].文教资料，2016（30）.

[10] 范元涛.0—3岁幼儿节约习惯养成观察教育的现状与对策分析——以四川省东北部农村地区为例[J].教育导刊（下半月），2016（10）.

[11] 胡荷花.0—3岁幼儿亲子教育的问题与对策[D].荆州：长江大学，2016.

[12] 于真.0—3岁幼儿节约习惯养成观察教育需求分析及社区指导方案建构[D].上海：上海师范大学，2016.

［13］高彩红．深圳市 D 区 0—3 岁幼儿早期教育公共服务发展策略研究［D］.武汉：华中师范
　　　大学，2015.

［14］杨尹．幼儿园托班教养现状的个案研究［D］.成都：四川师范大学，2015.

［15］代娟．农村地区 0—3 岁幼儿隔代与亲代的教养合力问题与对策研究［D］.成都：四川师
　　　范大学，2015.

利用小班幼儿自带水壶
养成良好自主饮水习惯的实践研究

上海浦东新区恒宇幼儿园　王琛夏

一、研究背景

（一）喜欢喝各种饮料的不良习惯

随着社会的发展，生活水平的提高，人们越来越喜欢喝各种饮料。口渴了，越来越多的年轻父母喜欢去奶茶店、咖啡店买杯饮料，渐渐地，喝饮料成为一种生活习惯。而孩子从小在这种生活方式的影响下，变得越来越喜欢喝各种饮料。

（二）塑料污染正在逐步危害人类的健康

喝瓶装饮料最为方便快捷，但塑料包装会导致塑料污染。所以，养成出门带杯子的习惯是一种绿色生活理念的体现。为此，我园在小班开展了幼儿来幼儿园自带水壶的实践，通过此项研究，培养幼儿养成外出带杯子多喝水，少喝或者不喝饮料的好习惯。

二、研究结果与分析

通过对小班全体家长的问卷调查，我们获得了幼儿饮水情况的信息。

表 2-7　家长年龄分布情况（ N =122 ）

年龄	人数	百分比
26—30 岁	19	15.6%
31—40 岁	91	74.6%
41—50 岁	10	8.2%
51—60 岁	0	0%
60 以上	2	1.6%

表 2-8　给幼儿准备的水壶种类（ N =122 ）

选项	人数	百分比
吸管式	108	88.6%
吸嘴式	7	5.7%
直饮杯	7	5.7%
其他	0	0%

表 2-9　给幼儿准备的水的类型（ N =122 ）

选项	人数	百分比
凉白开	101	82.8%
矿泉水	5	4.1%
蒸馏水	1	0.8%
净水器过滤的水	10	8.2%
其他	5	4.1%

表 2-10　是否每天清洗消毒幼儿的水壶（ N =122 ）

选项	人数	比例
是	113	92.6%
否	9	7.4%

　　问卷中的开放题是：您认为幼儿自带水壶的做法好吗？请留下您的建议。91.8% 的家长赞同幼儿园的做法，认为自带水壶的好处是：可以根据幼儿的喜好，身体状况控制水的温度；家长也能每天知道幼儿的喝水量；自己装的水也会放心；自己的小水壶，每天清洗水壶也能保证卫生等。6.5% 的家长担心水壶灌满水是否太重；500 毫升的水是否够喝；万一忘记带水壶怎么办等。1.6% 的家长认为，这是给家长增添了麻烦。

　　根据家长问卷的反馈，我们认为，年轻的家长还是赞同我园绿色生活理念的，对幼儿自带水壶上幼儿园的接受程度比较高。针对家长担心的几个问题，我们这样解决：幼儿可带空水壶来幼儿园，到幼儿园后再灌水；幼儿园备有温水，随时添加；幼儿园有消毒干净的备用杯子供幼儿使用。

回答了家长的问题，我们年级组在活动开展之前，还需要家长配合以下几点：

第一，水壶的规格为500毫升容量以下配有背带的吸管式水壶。用吸管喝水，避免幼儿在饮水过程中洒出水；背带便于幼儿随身携带；500毫升左右的水量，对于幼儿来说，完全是可以承受的重量。

第二，每天灌入水壶中的水必须是温度适合的温开水，严禁灌入沸水。

第三，幼儿只能带白开水来园，我们倡导幼儿喝白开水。

第四，水壶上标明幼儿的姓名，万一遗失在教室外，教师也可以通过幼儿姓名送还水壶。

第五，请家长每天清洗消毒水壶。

在实际操作过程中，我们发现了以下一些问题。

（一）随意摆放水壶

开学初，家长代替幼儿背水壶进教室，随手帮幼儿把水壶放在架子上。到了幼儿需要喝水的时候，总有些幼儿找不到自己的水壶干着急。同时，家长们总是顺手把水壶放在水壶架的顶层，造成顶层的水壶过多。于是，我们根据幼儿的人数进行分组，分组后在每层水壶架上贴上标签，并且请幼儿按照标签自己摆放水壶，避免家长代劳。

（二）幼儿背水壶姿势不正确

我们要求幼儿自己背着水壶进校园，在校门口，往往看到家长把水壶往幼儿脖子上一套，整个水壶的重量就压在了幼儿的脖子上。放学回家时，幼儿们也喜欢把水壶挂在脖子上。脖子上长期挂重物会损伤颈椎，所以我们教幼儿将水壶斜挎在身上。

（三）水壶背带过长

水壶有背带方便幼儿携带，可是当水壶放在水壶架上之后，长长的背带就随意垂落，底层的水壶背带直接拖在了地上，存在幼儿被背带绊倒的隐患。另外，水壶之间长长的背带还会相互缠绕，造成幼儿拿取水壶困难。经过研讨，教师们得出两种解决方法：让幼儿把水壶背带缠绕在水壶上，再放到水壶架上，节省空间；有的班级让幼儿在放水壶之前，把水壶背带取下挂到指定地点，光溜溜的水壶摆放整齐，再也没有背带缠绕在一起的麻烦。

（四）吸管式水壶存在隐患

在没有经过实践之前，我们认为，吸管式水壶适合小班幼儿，便于幼儿饮水，同时也避免把水倒翻在身上。大多数家长也赞同这一观点，所以在选择水壶的时候都购买了吸管式水壶。经过几个月的观察，我们发现，吸管喝水慢，幼儿容易咬吸管，吸管清洗难度大。市面上能够买到的吸管式水壶有两种，一种水壶内的吸管能够脱卸，一种是不能脱卸的。能够脱卸的吸管容易掉落，造成幼儿喝不到水；不能脱卸的吸管基本上无法清洗干净。很多幼儿喜欢咬吸管的头部，质量好的吸管是橡胶材料，有一些吸管是塑料材料，会被幼儿咬破，存在被幼儿吞食的危险。幼儿抱着水杯含着吸管，吸吸停停，造成喝水时间过长，建议家长为幼儿将吸管式水壶更换为直饮水壶。

（五）幼儿喝水量不足

我们发现，幼儿喝水量不足不是个别情况，是大多数幼儿的通病。在教师不提醒的情况下，70% 的幼儿带来多少水，几乎原封不动地带回去多少水。这说明，在入园之前，幼儿在家庭中就没有养成良好的饮水习惯。我们也发现，即便是我们提醒幼儿多喝水，很多幼儿每次喝水也只不过是吸一口润润喉而已。

我们需要让幼儿知道多喝水与自己健康的关系，懂得每天要多喝水。教师观察幼儿小便的次数和颜色，如小便颜色发黄，就应及时提醒幼儿多喝水；注意在运动前后、进餐前、午睡起床后，适时让幼儿补充水分；让幼儿懂得一些饮水常识，如感到自己的嘴唇发干就要多喝水，运动出汗后要给自己补充水，夏天出汗要多喝水，空调房间里干燥要多喝水，感冒发烧要多喝水，看到自己小便的颜色发黄时多喝水。

在实际生活中，我们也发现，尽管常用语言督促幼儿多喝水，可是效果并不明显。多喝水，这个量是多少？没有一个依据。天气凉时，幼儿使用保温杯喝水，保温杯不透明，我们无法从视觉上直观地判断幼儿每次的喝水量。如何督促幼儿多喝水呢？我们也曾经尝试让幼儿通过重量来判断水壶里的水多少，发现幼儿对轻重感觉不敏感，而且只有一个水壶，没有横向比较，幼儿没有参照物。我们发现，当水壶中的水是满的情况下，摇晃水壶不会有声音；水壶里的水慢慢变少时，摇晃水壶，就会发出声响；在半壶水的时候，声音也是最响的。没有声音和有声音，这点幼儿是可以分辨的。所以，我们还提出了变魔术的说法，在喝水的同时，给予幼儿一个小小的情景，提高了小班幼儿饮水的兴趣。

　　幼儿良好的喝水习惯的培养是一个长期过程，需要教师和家长长期共同努力。可喜地是，小班经过两个学期的尝试后，家长们反馈，幼儿外出主动要求带上自己的水壶，渴了就喝水壶中的水，不买饮料喝。我们春秋游时，每个幼儿都带上自己的水壶，小书包里不带饮料。同时，幼儿自带水壶也锻炼了幼儿的自我服务意识，如幼儿每天背着灌好水的水壶走进幼儿园，进教室后脱下水壶放在指定位置，根据自身的需要随时饮水。幼儿良好的喝水习惯需要在日常生活中一点一滴地积累。让幼儿喜欢上喝水、愿意喝水，了解自己何时需要喝水是我们今后需要继续思考的。

在游戏中
培养幼儿规则意识的研究

上海浦东新区恒宇幼儿园　李磊

一、研究背景

（一）游戏中培养幼儿规则意识的重要性

随着都市化进程的加快，在一家一户的格局中，人们之间的交流较以前减少，适合幼儿活动的公共空间相对较少，许多家长只重视幼儿知识、技能的训练，忽视幼儿的游戏与交往，造成幼儿缺乏活动伙伴，甚至没有伙伴，使孩子丧失了学习和实践群体规则的机会。幼儿时期是幼儿成长的重要阶段，从小养成遵守规则的习惯对幼儿将来遵纪守法以及具有良好的道德品质具有重要作用。只有自由与规则相结合的教育，才真正有利于孩子身心的健康成长。

（二）当前存在的问题

当今，幼儿普遍受到家中长辈的过分关注，容易形成娇气、蛮横的性格。很多家长早期教育倾向于智力投资，却忽略了孩子道德品质、社会交往能力等非智力因素的启蒙与教育。久而久之，幼儿在某些方面就会出现一系列问题：有的孩子会缺乏自制力，行为自由散漫，不愿受拘束，不能很好合作；有的孩子则会上课坐不住，爱插嘴，不经老师同意就离开座位；有的孩子游戏时随意把玩具扔在地上；有的孩子午睡时哼歌，玩鞋子，拉别人被子等；有的孩子甚至无法克制自己的不良行为，易争执，出现攻击性行为等。幼儿园，幼儿主要的行为问题包括以下几点。

1. 规则意识薄弱

有些家长没有帮助幼儿建立规则意识，使得有些孩子规则意识薄弱，他们常常不知道应该做什么，不该做什么，无法明确规则界限，行为多源于一时情绪或兴趣冲动，不考虑行为后果，常常就会导致人际交往的问题。

2. 有一定的规则意识，但自控能力差

从心理学的角度看，在幼儿阶段，个体行为的坚持性和自制力都处于发展初期，不可能像成人一样控制言行，所以他们虽然懂道理，知道某些要求，却不能按规则做到。

3. 逆反心理影响幼儿规则意识的形成

现在的孩子自主性越来越强，逆反心理也随之越来越严重。自我意识的萌发使得有些幼儿不太愿意接受成人的指导和意见，经常自己做主。有时当成人提出某一要求后，有的孩子会故意做出与要求相反的行为，并以此为乐。

（三）影响因素

1. 不同性格气质的幼儿遵守规则的意识和行为不同

每个幼儿的气质、性格、性别等都会有差别，文静一点、内向一点的孩子遵守规则的行为相对比较多一些；活泼好动外向的孩子违规行为就多一些；男孩子违规的比例略高于女孩子。

2. 家长教育的误区影响幼儿规则意识的形成

家长是孩子的第一任教师，给孩子建立规则意识少不了孩子的父母。很多情况下，由于家中只有一个孩子，家长会对孩子百般宠爱，万般迁就。这样一来，孩子成了家庭权力的主宰者，左右着父母、爷爷、奶奶们的意志。慢慢地，孩子失去了学习和参与的机会，理所当然地认为就该由家长做，渐渐产生了依赖性，缺乏规则意识。

3. 教师的教育方法不当抑制幼儿遵守规则的自觉性

在现实生活中，教师经常在日常生活中设置活动规则，常常以规则的利他性来裁判幼儿行为，而忽略了让幼儿自己去体验规则的公正和互惠，导致幼儿以为规则总是利于别人的，缺乏遵守规则的自觉性。

二、研究结果与分析

（一）在游戏活动中培养幼儿规则意识的有效策略

1. 创设互动型环境，感知规则

孩子缺乏规则意识是很正常的，但是通过后天的环境，他们的规则意识是可以逐渐培养的。因此，教师要为幼儿创设良好、互动型的环境，让他们在耳濡目染中感知游戏规则，主动遵守游戏的规则。例如，为幼儿创设有序的游戏环境，优化游戏区域的环境布置，给幼儿操作性引导，帮助幼儿在与环境的互动中不断强化对规则的认识。具体来说，教师可将一些游戏的规则与要求让孩子们用图画的形式表现出来，然后制作成图片贴在孩子们看得见的地方，给孩子们一种无形的提示。例如，在建构区贴上鞋子图片，上面写上大大的数字"5"，孩子们进建构区玩时就知道先数数有几个人，如果已有 5 个人，会自觉地去别的活动区玩；在图书区，可以贴上保持安静的图标，让孩子们知道看书时要保持安静，不能影响或干扰别人；盥洗室内，也贴上了师生共同制作的七步洗手法的流程图等。

2. 将规则融入游戏，体会规则

幼儿的游戏内容是现实生活的反映，是社会的缩影。教师在组织开展游戏过程中，要善于将各种规则有效渗透于游戏中，让幼儿可以在游戏过程中学习并体验到各种规则，从而达到主动遵守规则的目的。例如，在"小司机"游戏中，告诉幼儿"红灯停，绿灯行，黄灯等一等"，小司机看到路边的各种标识后，知道应该怎么做，通过这样的角色扮演方式，让幼儿知道开车要遵守的交通规则；在"公交车"游戏里，学会给老人、小孩、怀孕的妈妈让座；在"小超市"游戏里，学会买东西需要排队；在开展"小小图书室"游戏时，知道看书时候不能大声说话，要保持安静，物归原处。通过开展形式和内容丰富多样的游戏活动，让幼儿深刻理解各种规则与自身的生活息息相关，明白规则不仅约束着别人的行为，同样也约束着自己的行为。

3. 放手自定规则，发挥幼儿自主性

在游戏活动中，我们根据实际情况大胆放手，积极发挥幼儿的自主性，允

许幼儿自己去思考规则和要求，探索规则和要求的合理性。引导幼儿参与游戏规则的制订、修改和完善，能加深幼儿对规则的理解，增强其遵守规则的自觉性。

例如，娃娃家里，孩子们都戴上了角色的挂牌，君君也想玩娃娃家，由于来晚了，没有了挂牌，可她还是进去玩了。这时，娃娃家的"妈妈"说："老师说过，没有牌子了就不能进来了。"君君也不甘示弱，说："可是我想玩，我可以当娃娃家的保姆吗？"因为君君平时都是保姆接送的，所以她有这个生活经验。如果一味地就照着挂牌上的角色来，那今天君君就当不了"保姆"，就错失了协商角色扮演的机会。经过讨论，大家发现很多的角色挂牌上都没有，所以之后孩子自己规定一个娃娃家里可以有 5 个人，但是每个人的角色由自己协商确定。孩子们自己确定规则，自己解决问题，在与同伴的共同游戏中，他们相互影响，不断磨合，以自己的方式构建着游戏的程序和规则，自己制订的规则自然会主动地遵守。

又如，自主游戏开始了，四个小朋友一组开始玩起了玩具，小七也想加入其中，可是宁宁说："你不能进来了，老师说了一组只能四个小朋友。"小七说："我真的好想进来玩。"于是，小七跑过来向我求救，让我来解决。我对孩子们说："你们想想有什么好办法也可以让小七加入呢。"芄芄说："我们再搬一张桌子，这样你就可以了。"琳琳说："我坐过去一点，你可以挤进来一起玩。"孩子们想出了可以让小七加入的办法，大家都开心极了。规则不是一成不变的，要考虑幼儿的实际需要和方便，根据幼儿的实际情况制订规则，提倡孩子自主共同制订规则。

4. 同伴相互合作，提高规则执行力

在游戏中，与同伴主动交往，能主动配合，分工合作，协商解决问题，协调关系并遵守游戏规则，才能确保游戏活动顺利进行，同时每个人都在遵守规规中实现目标，分享快乐，获得满足。所以，我们在设计活动的时候，尽可能设计一些孩子能互相交往、有合作的竞赛性游戏。

例如，在游戏"运瓜"中，孩子们分成若干队，每队前面和相应终点处各放一个圈，圈内放三个球，幼儿听信号快速沿直线跑，把球运至终点的圈内，哪队先完成任务哪队就赢。在活动中，幼儿必须遵守每一项规则，否则就要重新从起点开始，小朋友都希望自己的队获胜，因此都会遵守规则。

可见，通过一些竞赛性的游戏，能更好地让幼儿感受遵守规则的重要性，知道自己违反规则后就不能让自己的团队获胜，只有相互合作，遵守游戏规则，才能获胜，从中体验规则的公正公平。作为教师，我们要创设同伴相互合作的游戏，提高规则的执行力。

5. 多元评价，激励自律

巧妙的评价胜过不停的说教。游戏活动离不开有效的评价，有效的评价可以激励幼儿在游戏中规范自己的行为，实现从被动遵守规则到主动遵守，促进游戏规则意识不断提高。教师在游戏活动中应追求评价的多元化，不单单只注重结果性的评价，而忽视对幼儿游戏活动中表现的评价。教师应将结果性评价与过程性评价相结合，把他评与自评相结合，在多元评价中激励孩子主动遵守游戏规则。科学有效的评价能大大提升幼儿规则意识，如他们不再动不动就发脾气，进而能控制自己，自觉约束自己，真正让规则内化到心里。

（二）在游戏活动中培养幼儿规则意识的原则

1. 循序渐进原则

良好的生活习惯不是一朝一夕就能养成的，而是在长期的生活中慢慢形成的，贯穿于孩子一日生活的各个方面。幼儿教师应善于抓住生活的各个环节，循序渐进、潜移默化地促进幼儿规则意识的形成。

2. 榜样学习原则

孩子善于模仿，尤其是模仿家中父母、幼儿园教师的行为。所以，作为孩子模仿的对象，我们要每时每刻注意自己的举止。

3. 坚持不懈原则

一种习惯的养成需要坚持，需要不断的强化。所以，培养孩子良好的习惯，关键在于渗透和坚持。

（三）在游戏中培养规则意识的经验

1. 遵循幼儿的认知特点

游戏在幼儿园教育中的应用非常普遍，本次课题也是围绕游戏来培养幼儿的规则意识。但是，经过研究发现，活动不仅需要具有趣味性，还应充分体现幼儿本身的认知特点，由浅入深、从外到内开展。幼儿本身年龄较小，并不能从一开始就可以自觉养成规则意识，不能拔苗助长。

2. 合理参照幼儿的年龄特点

对于幼儿规则意识的培养，幼儿教师应当对该年龄段幼儿的特点有充分的认识。中班的幼儿已经具有一定的个人意识，应更多地采用自主游戏进行导入，以角色游戏为核心。例如，表演过马路可以促进幼儿对安全规则的认识；表演买卖商品可以促进幼儿对于交易规则的认识；表演排队让座可以促进幼儿道德素养的养成，等等。在表演的过程中，还可以促进幼儿人际交往能力的发展。

3. 加快转变教师的理念

忽视了幼儿的兴趣、需要、主动性与差异性，或是从成人的角度出发，远离幼儿的生活实际由成人强加的课程，不可能使幼儿在真正意义上得到发展。因此，幼儿园的课程必须从幼儿的生活出发，更多地利用幼儿身边的人和事，利用幼儿熟悉的环境，以幼儿的行为特点和发展特点为依据来开展。

参考文献：

[1] 刘腊梅 . 如何运用游戏活动培养幼儿规则意识的策略讨论 [J]. 课程教育研究, 2019（22）.

[2] 朱云婷 . 体育游戏中培养幼儿规则意识探析 [J]. 成才之路, 2019（15）.

[3] 郭建新 . 在游戏活动中培养幼儿的规则意识 [J]. 课程教育研究, 2019（18）.

[4] 马雪红 . 角色游戏培养幼儿的自我控制能力分析 [J]. 文化创新比较研究, 2018（2）.

[5] 张艳艳 . 幼儿德育——从培养规则意识做起 [J]. 读与写（教育教学刊）, 2018（6）.

[6] 居玲玲 . 在区域游戏中培养幼儿的规则意识 [J]. 教育教学论坛, 2018（26）.

巧用移情法
培养幼儿礼貌行为的研究

上海浦东新区恒宇幼儿园　冯维娜

一、概念界定

（一）移情

移情亦称情感移入或情感转移，是一种根据经验或遗忘的类似情景去知觉和理解当前情景的心理现象。也就是说，移情既要能识别他人的情感、欲望和思想，又要对他人所处的境地有一种替代性的情感反应和体验。移情包含认知和情绪情感两种，认知水平和情绪唤醒共同决定着移情的性质、强度、方式和内容。

（二）礼貌行为

幼儿礼貌行为是指儿童在生活和交往中对他人的表达和尊重符合社会道德规范，包含幼儿文明礼貌用语、幼儿文明礼貌行为两方面。

（三）移情训练

移情训练是一种旨在提高幼儿善于体察他人的情绪、理解他人情感的能力的训练方法。移情可以促进幼儿礼貌行为的产生和发展，并让孩子摆脱自私，学会站在别人的立场思考。

二、移情的意义

（一）礼貌行为的重要驱动力

皮亚杰（Piaget）的认知发展理论认为，儿童的发展表现出去自我中心化的趋势，儿童由立足于自己的角度看待世界，逐渐转变为能够洞察和理解他人的观点。移情使人更容易意识到另一个人的需要，转而以另一个人的情绪体验替代自己的情绪体验，从而建构起观察者与被观察者的情绪情感上的共同体验、共鸣反应，促使个体亲社会行为的产生。利用移情来教育儿童，使其具有内在的自我调节能力，比一味地限制、要求这种外部约束要有效得多。能深刻体验他人情感情绪的儿童更容易控制自己的消极行为，而作出礼貌、互助、谦让等积极行为。

（二）实现有礼貌行为的中介过程

正是由于移情的存在，才能够在外部刺激与个体行为之间建立一种联系，才有可能使个体在特定的情境下逐渐形成特定的礼貌行为。当儿童看到别人处在不被认可的处境时，移情会让他产生情感上的痛苦，会通过帮助他人或礼貌交往来减轻这种痛苦。当礼貌行为使别人产生高兴或幸福的情感时，儿童也能体验到这些积极情绪。这种相关方式的心理实质是当个体获得足够的特定情境下的信息时，能对这些信息进行分析、判断、评价，并作出情感反应和行为反应倾向的决定。当个体依据一定的标准对特定情境评定为符合个体的经验和准则时，通过感受不同角色的心理，在生活中使用移情来理解他人的意愿和需要，就会激发出个体的积极情感体验也即移情的出现。这种情感就会激发出个体的礼貌行为。

综上所述，移情既是儿童礼貌行为发展的驱动力，又是中介过程。因此，移情发展是礼貌行为的基础，需要早期培养。研究移情现象，对幼儿礼貌行为有着重要的指导意义。

三、用移情训练培养幼儿的礼貌行为

（一）幼儿园用移情训练培养幼儿的礼貌行为

1. 在一日生活中培养幼儿的移情能力

教师要在幼儿的一日生活中，培养幼儿的移情能力。在吃饭和午睡时，教师要有意识培养幼儿的互助、分享、谦让等行为，并对幼儿的这些行为予以表扬，发挥榜样的作用，更好地培养幼儿的移情能力。另外，教师要利用幼儿的"泛灵"心理特征，即所有的事物都是有生命的，让幼儿学会关心幼儿园里的动植物，以此来培养幼儿的同情心，增强幼儿的移情能力。

［案例］

在给自然角的小花浇水时，秋秋问："为什么要给小花浇水？"我说："小花也要喝水，才能长大，开花。"秋秋又问："它又不是人，它怎么还要长大呢？"我说："小花虽然不是人，可是它也有生命啊！它像小狗、小猫一样，都要吸收营养……""老师，小花的饭是什么呢？"小贝不等我讲完，就迫不及待地接着问。我故弄玄虚地问："小花的饭在哪里呢？谁知道？"凯凯眼睛一转，回答道："在水里。"我欣赏地点点头说："小花的营养在水里，在土里，它还要有太阳妈妈的阳光，才能长得更好。"筱馨说："我知道了，小花也像我们一样，多喝水，才能不生病。"旁边的孩子们听到了，都纷纷表示自己最喜欢喝水，还说："以后多给小花喝点水。"

2. 在角色游戏中提高幼儿的移情能力

角色游戏是幼儿通过角色扮演进行的游戏活动。通过角色扮演，幼儿能切身体验他人行事的方式和态度，进而更好地理解他人的情绪情感，提高设身处地为他人着想的能力。

[案例]

户外活动时，风风披着披风扮演"王子"，来到城堡邀请"公主们"到他的王宫做客。"大公主"依依看也不看"王子"风风一眼，就带着其他公主避开了风风，风风情绪很低落。

角色游戏的时候，依依扮演医生，看到医院门庭冷清，依依大声呼喊："谁要来看病"接着，依依又跑到我这里，问："你要来医院看病吗？"我刚想和她对话，一想到户外活动环节刚发生的事，我抿紧嘴巴不回答。依依拉着我的衣襟说："你来医院看病吧。"我故意又转身背对她，她有点急了，绕到我前面来，仰头看着我说："干嘛不说话？"我这才蹲下来，跟她说："如果我一直不理睬你，不跟你说话，你心里觉得怎么样？"依依委屈地说："不开心。"我连忙因势利导，说："对呀，不睬人家，也是一种不礼貌的行为。早上风风邀请你们去他的王宫，你不理睬他对吗？""可是他一直要做王子，我也要做，可以轮流玩啊！"依依说出了心里的想法。我接着说："你的办法真好。你完全可以把这些想法说给风风听，大家可以商量的。如果你像刚才的我一样，不理睬别人，别人心里是不是会很难过，很不开心啊？"依依赞同地点了点头。"就比如现在你想找人当病人，那是不是也可以去跟小伙伴商量一下，或者想想有没有其他的办法，大声呼叫，病人还敢来吗？"依依的表情告诉我她已接受了我的建议。在我的鼓励下，她去找了从小吃店出来的顾客来医院体检。

在此案例中，依依是个很有主见的孩子，但是也比较强势，我决定在角色游戏的时候让她体验一下被拒绝的感受。通过我和依依的交流，依依感受到不理睬就是一种"冷暴力"，是没有礼貌的一种表现。

3. 在人际交往中巩固幼儿的移情能力

马卡连柯（A. C. Макаренко）曾指出，集体的教育力量是巨大的。孩子在与人的交往过程中，会真切地体会到人与人之间的关系及情感变化。这里所说的人际交往主要是指幼儿同伴交往。《幼儿园教育指导纲要（试行）》指出，"幼儿与成人、同伴之间的共同活动、交往、探索、游戏等，是其社会学习的重要途径。应为幼儿提供人际交往和共同活动的机会和条件，并加以指导"。

已有研究表明，幼儿同伴关系是否良好，对幼儿的移情具有重要的、直接的影响，能够积极参与活动、愿意与他人合作、易被同伴接受的幼儿具有更高的移情水平。

［案例］

早晨，行政值班老师和园长妈妈都会站在幼儿园门口，微笑着迎接孩子们来幼儿园。当孩子走进幼儿园大门时，园长、行政值班老师、保安都会主动问候："早上好！"

中大班的大部分幼儿都能有积极的回应，但我们也发现一个明显的现象：幼儿对保安的态度略显冷漠。从门口站位来看，老师站在幼儿园大门的内侧，幼儿先要经过保安身边，再从老师面前走过。当保安热情地向走近幼儿园大门的孩子问好时，有些小朋友手里拿着玩具，根本不理睬保安的问候；有些小朋友即便回应了，也是一边走一边小声地说一句"早上好"；更多的是应付式地挥挥手。

情感总是在一定的环境中产生的。幼儿园努力为幼儿创设一个热情、温馨、友好、关爱的人际交往的环境。门口保安、大厅保健老师、走廊里的保育员阿姨、各班老师随时随处都会主动问候幼儿。行政值班老师会特别留意观察，看到能够大声打招呼的小朋友，记住他们的样貌，等来园接待结束后，到各个班级去表扬这些小朋友，偶尔还会奖励小奖品。及时的表扬能帮助幼儿快速强化礼貌意识。

一段时间后，我们发现，孩子们有了变化：不仅能大方地跟老师打招呼，许多孩子还能主动与家长志愿者相互问候。

（二）家庭用移情训练培养幼儿的礼貌行为

1. 创设具体的情境培养幼儿移情能力

霍夫曼（Hoffman）曾指出，"由于大多数移情唤醒的过程取决于直接的情境和个人线索，人们很容易受到直接情境中受害者所偏爱的移情倾向的影响"。因此，在培养幼儿移情能力时，家长要善于创设和利用具体情境，在具体的、形象生动的情境中引导幼儿尝试体会他人的情感。当遇到电视节目中有相关的故事情境，动画片中有相关的剧情，身边孩子有需要时，家长应当抓住时机，应时应景地与孩子交流，帮助幼儿理解他人的处境和情绪情感。

2. 形成民主、平等的家庭氛围，增进与孩子的情感交流

在家庭生活中，家长应该与幼儿进行积极、民主、平等、友好的互动和交流，进行心灵的沟通。通过亲子间的沟通和交流，帮助幼儿获得对情绪情感的体验和认知，包括对他人情绪情感的正确理解，能准确分析情绪情感产生的原因，进而帮助幼儿锻炼观点采择能力。研究表明，婴幼儿是通过观察学习和模仿来获得情绪情感体验的，最典型的是看到别人哭或笑时，他也同样跟着哭或笑。婴幼儿通过观察父母情感表达，从而获得情感的体验和认知。因此，在日常的亲子互动和交流中，家长要敢于在幼儿面前表达自己的情绪情感，这对于幼儿获得情绪情感认知是非常重要的。另外，家长在表达情感要保持适度的原则，过度的情感表达不仅不利于幼儿对情绪情感的认知和体验，还会对幼儿良好性格的形成产生不良影响，甚至会造成幼儿的心理创伤。

亲子间情感交流的方式有很多，如绘本阅读、亲子游戏等。在绘本阅读过程

中,父母可以根据故事情节的发展,提出关于故事主人公情绪情感的相关问题,如"他怎么了?""他为什么哭(笑)"等,让幼儿获得对他人情绪情感的体验和认知。在亲子游戏中,可以让幼儿和家长互换角色,幼儿扮演爸爸妈妈,爸爸妈妈扮演幼儿,从而让幼儿体验父母的情绪情感,理解父母的感受。

参考文献:

[1]李季湄,冯晓霞.3—6岁儿童学习与发展指南[M].北京:人民教育出版社,2013.

[2]武建芬.心理理论与同伴交往[M].北京:光明日报出版社,2009.

[3]张明红.给幼儿园教师的101条建议.语言教育[M].南京:南京师范大学出版社.2011.

[4]陈莉.幼儿责任感培养的策略研究[J].启迪与智慧.2013(9).

[5]李艳菊,姜勇.3—6岁幼儿同伴交往能力的结构与发展特点[J].幼儿教育(教育科学),2008.

中班美术活动中
利用废旧材料进行创作表现的研究

上海市浦东新区恒宇幼儿园　杜晓玮

一、研究背景

幼儿园美育的目标不在于培养专业的艺术家，而是培养有审美能力的人。美术素养是幼儿艺术素养的一部分，是幼儿全面发展必备的综合素养之一和构成一个完整的人不可或缺的部分。幼儿美术教育在培养幼儿美术素养方面发挥着巨大的作用，不强调技能技法的纯熟精炼，而是强调幼儿用审美的眼光发现、感知、欣赏、创造周围事物的美，从最平凡的事物中发现美，会利用身边最平凡的材料创造美，对待生活中的美持有一种积极快乐的态度，在美术活动中积累一定的美术素养。美术素养的养成不是一蹴而就的，需要从幼儿期开始逐渐培养、熏陶。幼儿园作为幼儿主要的学习场所之一，承担着培养幼儿美术素养的重担与责任。如何利用幼儿美术教育活动培养幼儿的美术素养，塑造完整、全面、和谐发展的人，是一个值得探讨研究的新课题。

二、研究意义

（一）理论意义

国内外的很多学者、一线的教师对美工区材料有着很多的研究，但对废旧物品投放方式和指导策略的研究不够系统全面，还需要进一步的研究。

（二）实践意义

一线幼儿教师应该了解低结构材料乃至废旧物品的价值以及投放材料的方法策略，以促进幼儿全面发展。因此，本研究希望通过研究中班美术活动如何利用废旧材料进行创作表现，给基层教师提供一定的借鉴和指导。

三、概念界定

（一）废旧材料

废旧材料与学术意义上的低结构材料有相通之处。李放（2016）将低结构材料按照材料的材质分为七大类：自然类、纸类、塑料类、木类、棉布类、生活类和其他类。自然类包括树叶、贝壳、石头、豆子等；纸类包括纸杯、纸盘、卷纸筒芯、纸板等；塑料类包括塑料瓶、塑料盘、塑料吸管、塑料盒等；木类包括木块、木棒、木夹等；棉布类包括棉线、棉布、麻绳等；生活类包括扣子、光盘、皮筋等；其他类包括颜料、乒乓球、头饰等。

（二）幼儿园美术创作表现活动

本研究将幼儿园美术创作表现活动定义为：幼儿在美工活动中，面对新鲜事物或美工材料产生好奇心理，不断探索并长时间沉浸在游戏中，最终创造出有新颖想法的作品的活动。

四、研究现状

（一）有关幼儿美术创作表现的研究

苏珊·西瓦克（Shirley Raines）介绍了如何制作立体、醒目的艺术作品。海伦·帕克（Helen Parker）提出幼儿的创意美术教学不仅仅是进行艺术创造，还包括自发和无意识间发生的游戏关系。幼儿时期的美术教育正是从创新性出发，发掘幼儿对外界交互的本能，促使其身心健康生长。

国内学者杨洁在《幼儿美术素养培养的行动研究》中展开了计划—实施—考察—反思的螺旋式行动研究，总结出有利于幼儿美术素养培养的支持性策略。在活动设计方面，提升教师美术教育理念，科学设计活动目标；了解幼儿的生活与经验，合理设计活动内容；遵循整体性原则，完整设计活动流程。在指导与评价方面，研究者从激发兴趣、促进感知与欣赏、提升创作与表现、改善评价与应用四个方面总结相关策略，如运用多种艺术语言，调动幼儿多感官体验，鼓励同伴互助学习，形成多元化评价主体等。在环境与空间的设置方面，创设艺术化、安全宽松的美术创作环境；挖掘美工区的教育价值，提供个性化表达空间。

（二）有关幼儿利用废旧材料进行美术创作表现的研究

王园园在《幼儿园手工活动中存在的问题及对策研究》中指出，幼儿园应加强手工制作与环境布置的联系，手工作品在环境创设中的利用能体现出幼儿园的办园特色、幼儿园的环保教育理念以及幼儿的主人翁意识，还能培养幼儿的手工制作兴趣，但是目前幼儿园在环境创设中对手工作品的利用还是不够充分，并且存在着各种各样的问题。倪永菁在《美工区低结构材料投放对中班幼儿创造过程影响的实践研究》中，记录了幼儿在美工区活动中创造过程四个水平的具体表现，并对其进行分析研究。第一，好奇水平，对材料是否有关注或提问行为；第二，探索水平，能否操作摆弄材料或是跟同伴、教师交流；第三，游戏水平，能否逐渐形成目标，长时间投入在材料操作中；第四，创造水平，能否在探究的过程中发现新的操作方法或者能否创造出富有想法的作品。学者华爱华认为，低结构材料更有助于幼儿发散性思维的发展，儿童在使用低结构材料时较多的是创造。赫特（Connie Hart）对创造过程研究偏向于幼儿对设备和材料的操纵；麦凯勒（Dorothea Mackellar）的研究则偏向于探索知识；杜弗（Jeremy Dufour）在他的著作中将赫特和麦凯勒的观点结合在一起，提出了一个完整的创造过程的模式：好奇—探索—游戏—创造；日本学者藤永保在他《创造性幼儿教育》一书中对创造过程的四个阶段也有详细的阐述，他对前人的观点进行了总结升华，提出了创造过程的四个阶段说：第一个阶段是准备阶段，第二个阶段是孕育时期，第三个阶段通常称为灵感或启示阶段，第四个是验证阶段。

（三）研究启示

通过以上文献的梳理可以发现，国内外对幼儿园美工区材料投放存在的问题都有一定的研究，但比较零散，没有提供一套系统完善的方法。在已有的关于幼儿园创意美术的研究中，大部分是关于幼儿园开展创意美术活动的案例活动以及在主题教学中的组织与实施。本研究在理论与实践的基础上，厘清幼儿园创意美术教学活动和幼儿美术创作表现的概念，通过观察幼儿利用废旧材料进行美术创作表现或者说创意美术教学的整个过程，来分析幼儿园利用废旧材料进行创意美术的教学现状，研究如何改善幼儿园利用废旧材料进行美术创作教学中存在的问题，总结幼儿园利用废旧材料进行创作表现的教学策略和实践案例，从而提高幼儿园利用废旧物品进行创意美术教学的质量，以期给广大幼儿教育工作者以借鉴。

五、研究设计

（一）研究目标

通过本课题的研究，为幼儿更好地利用废旧材料进行区域游戏提供了重要参考，同时让幼儿获得审美能力。

通过本课题的研究，为帮助幼儿树立保护环境、节约资源的意识提供了新思路。

通过本课题的研究，旨在引导幼儿充分利用生活中的废旧物品，创造出独具特色的创意美术作品。

（二）研究方法

1. 文献法

本课题研究之初和研究过程中，课题组成员除了对相关理论资料和文献资料进行阅读，还对一些教师的论文进行了研究和思考，在厘清主要问题的基础上，梳理出了一些有价值的、可供课题研究参考的意见，为本课题的顺利开展做了充分的理论储备和前期准备工作。

2. 调查分析法

调查分析法主要是指座谈法和访谈法，对当前幼儿教师对利用废旧材料进行教育的认识进行了解。

3. 行动研究法

行动研究是将探索出的策略应用在具体的教学实践中，一边探索一边实践，并在实践中总结出理论成果，再运用理论指导实践，从而提高本课题研究的实效性。

六、研究结果与分析

（一）废旧材料投放有利于激发幼儿的好奇心

通过观察记录幼儿的行为发现，在操作废旧物品美工材料时，幼儿的好奇心更强，主动选择废旧材料的次数比玩普通材料的次数多，提出与材料相关的问题更多。通过访谈发现，幼儿在面对废旧材料的美工活动时，出现好奇行为的次数更多，这表明废旧材料投放有利于激发幼儿的好奇心。

（二）废旧材料投放有利于提高幼儿的探索水平

通过观察记录幼儿的行为，发现他们在玩废旧材料时，探索行为出现次数更多。通过访谈发现，幼儿在选择废旧材料之后，能够积极地研究、观察材料的外部特征，用手触碰材料的质地，积极思考材料的用途，并通过询问家长、教师、同伴等来获取他们所要的信息。

（三）废旧材料投放有利于发展幼儿的游戏能力

通过教师访谈和案例分析发现，在操作的过程中，幼儿将自己原有的经验与新的材料进行结合，不断碰撞出思想的火花，最终创造出属于他们自己独有的作品，完成自己想要达成的目标。通过观察记录幼儿行为发现，幼儿在游戏的过程中，能够集中更多的注意力在材料上，而不被外在的环境所影响，游戏的时间更长，这表明废旧材料投放有利于幼儿游戏水平的发展。

（四）废旧材料投放有利于发展幼儿的创造能力

通过观察记录分析发现，幼儿在使用废旧材料进行美术创作时，能够将自己的生活经验迁移到作品中；在介绍自己的作品时，幼儿会有更多的想法。通过对教师的访谈发现，相对于高结构材料，幼儿利用像废旧物品这样的低结构材料时更具创造性，幼儿的作品内容更丰富，创作方法更多样，这表明废旧材料投放更有利于幼儿创造水平的发展。

七、研究建议

（一）废旧材料的科学选择

1. 废旧材料应与区域游戏的主题相结合

废旧材料应与区域游戏主题相结合是指教师要结合自己班级的游戏区域的主题，对废旧材料进行一定的改造、美化。例如，在开展"小演唱会"游戏中，可以将塑料瓶子制作成话筒、沙锤等游戏材料，来满足游戏主题的需要。

2. 废旧材料应与游戏的环境布置相结合

废旧材料的利用性和操作性都很强，可以将它们运用到区域环境中。例如，可以将用过的纸杯剪开，请幼儿涂上颜料变成纸杯花，用来装饰花店的背景；可以将用剩的皱纹纸揉成小团，变成农场里树枝上的红苹果。这些背景材料融入其中，丰富了区域的游戏环境。

3. 结合幼儿的年龄特征选择废旧材料

通常来说，废旧材料可以简单地分为废纸类、包装盒类、塑料瓶类三种。不同年龄段的幼儿有着不同的年龄特点，针对小、中、大三个年龄阶段幼儿的不同特点，选择合适的废旧材料。

（二）挖掘废旧材料的价值

1. 以剪贴画活动开发幼儿的想象力和创造力

教师在开展美术活动时，需根据幼儿的年龄、性格特征，选择幼儿感兴趣的材料开展教学，如利用废旧材料制作剪贴画，在这个过程中，促进幼儿想象力与创作力的发展。

2. 让幼儿在做手工时，树立绿色环保和节约意识

教师让幼儿将常见的废旧材料与生活中常见的物品进行联系，制作出生活中可以用到的手工作品，进而转变幼儿对废旧材料的认识，最终实现幼儿环保意识的提升。

参考文献：

[1] 杨素会.幼儿园美术材料投放的个案研究[D].长沙：湖南师范大学,2013.

［2］倪永菁.美工区低结构材料投放对中班幼儿创造过程影响的实践研究［D］.上海：上海师范大学，2017.

［3］王园园.幼儿园手工活动中存在的问题及对策研究［D］.大连：辽宁师范大学，2017.

［4］黄立安.综合美术活动对幼儿创造性思维发展的影响研究［D］.上海：上海师范大学，2015.

［5］郭敏.试论废旧物品在创意美术活动中的合理利用［J］.成才之路，2018（1）.

［6］金凡.幼儿美工创作中废旧材料利用的价值挖掘［J］.课程教育研究，2018（20）.

［7］顾怡.幼儿园美术活动中巧用废旧材料的研究［J］.成才之路，2016（5）.

绿色生活背景下
数学绘本对幼儿探究能力发展的影响

上海市浦东新区恒宇幼儿园　郑倩

　　绘本具有生动形象的故事，图文并茂，配色鲜明，主题形象突出，更易激发幼儿兴趣，可以利用绘本帮助幼儿养成绿色生活方式。幼儿通过仔细阅读绘本，激发了思维能力。合适的绘本可以把数学与儿童的衣、食、住、行联系起来，让幼儿能感受到数学在生活中的趣味性和有用性。爱看绘本的幼儿通常喜欢追问，提更复杂的问题，也爱思考和表达，这正是本园绿色生活背景下所要培养的品质。

一、绿色生活背景下数学绘本的价值

（一）有助于培养幼儿的探究能力

　　数学核心概念的理解，这对儿童来说很难，也很枯燥。著名学者曾提到，大多数孩子害怕教师问自己数学问题，他们认为学习数学是一种额外的压力，甚至认为如果没有数学活动会很好。而一本优秀的数学绘本，就是作者在对数学概念和符号深刻理解的基础上，寻找生活中最简单的符合一个或多个数学概念的原型，选择贴近孩子的现实生活，然后以最自然、最简单、最直接的方式将数学的核心概念融入故事中，用五彩缤纷的图画、有趣幽默的语言代替抽象的数学定义或术语，给读者（家长、教师、孩子）留下深刻印象，为枯燥的数学知识披上风趣的外衣。这件俏皮的外套是帮助孩子们打开数学知识大门的钥匙。例如，绘本《好饿的毛毛虫》，它是一个与儿童生活密切相关的有趣故事，可以激发孩子们学习数学的兴趣。绘本中描述了毛毛虫每周的饮食活动，教师可以将毛毛虫的食物通过图片形式呈现出来，帮助幼儿可以更直观地了解到毛毛虫每周食物的数量，更好地理解自然环境中的数学概念，引发幼儿探索"数量"的概念，帮助毛毛虫解决问题。

（二）有助于幼儿建立数学与衣、食、住、行的联系

什么是数学？数学在我们身边吗？数学有什么用？数学可以解释幼儿玩耍的皮球，从皮球的外形分析出其属性、几何公式；数学可以解释幼儿坐着的凳子，它有四个角；数学可以解释一条漂亮的项链、一个图案等，其实数学一直在生活的每个角落。我们在不断寻找一种准确表达数学概念及其意义的方法，同时也要建立数学与生活的关系，将其应用于幼儿园数学教学中，绘本是很好的一项选择。数学绘本来源于日常生活，它具有丰富多彩的图片，幽默的故事内容，可以激发孩子们对阅读的兴趣，让其不知不觉地感受到数学与他们的生活即衣、食、住、行息息相关。比如，涉及生活中吃、穿、用等方面的绘本《双胞胎兄弟》，与有营养的食物关联的绘本《最棒的蔬菜》，等等。当我们用孩子们最熟悉的生活元素来表达数学概念时，幼儿很容易建立数学概念与生活经验的联系。通过模仿绘本中故事的情节，幼儿可以在亲身体验的过程中建立数学与生活的联系，认识到数学在生活中的重要性，能够运用数学解决生活中的一些常见问题，进而养成用数学方法进行探究的重要学习品质。

（三）有助于幼儿多角度分析能力的培养

随着教学观念的转变，教师越来越重视儿童数学思维能力的培养，这正是本园绿色生活方式内涵所关注的。教师为幼儿创设教学情境，通常采用问题情境、游戏情境和操作情境，将抽象的数学知识具体形象化。

例如，绘本《面包公主三姐妹》可以帮助孩子更好地掌握间接测量的方法。教师创设问题情境，如牛奶的重量可以怎么测量？好吃有营养的土豆的重量怎么测量？让孩子们思考和操作。在思考和解决问题的过程中、在游戏情境中学习间接测量的方法，可以更好地激发孩子学习数学的兴趣，也能培养独立思考的良好品质。

例如，绘本《逃跑的姜饼人》是一个关于姜饼人的故事。绘本中的人物很丰富，包括奶奶、爷爷、猫、狗、小男孩、老黄牛、猪、马、狐狸。教师可以创造游戏情境，让孩子扮演角色，真实感知数量的变化。

再如，绘本《蜜糕树》讲述了熊猫欢欢以自己的脚步为测量单位，在家门前走

五步藏蜜罐的故事，故事中的河马和老鼠走了五步却怎么也没能找到蜜罐。教师据此创设操作情境，请幼儿思考如何运用生活中的物品来测量。在探究过程中，儿童不仅理解不同测量工具测量的结果不同，而且可以从身边的事物中找到解决问题的方法。

二、教师如何选择包含绿色生活方式内涵的数学绘本

（一）了解绘本的多元价值，全面解读绘本

目前，幼儿园教师对绘本的理解是片面的，他们只认识到绘本的部分教育价值，如绘本的语言价值、审美价值和社会价值，却对绘本的数学价值有所忽视。教师需要研究绘本的多元化价值，选择与绿色生活中衣、食、住、行四大元素息息相关的绘本内容，更易被幼儿所理解。

（二）建立科学有效的数学绘本教学活动评价

对儿童数学学习过程的评价，我们不仅需要以幼儿所学的简单数学知识作为评价标准，而且还应关注幼儿的变化和成长过程。教师需要学习观察法、轶事记录法和档案袋的使用方法。一方面，作为教学活动的旁观者，教师在活动中观察和记录儿童的真实状态，便于选择符合幼儿学习的绘本，帮助他们全面发展；另一方面，便于教师选择适当的记录方法来记录儿童在数学活动领域的具体表现。教师应转变结果评价的观念，重视过程评价，才能对儿童数学学习做出相对准确的评价。

三、结论

结合本园幼儿绿色生活方式行为素养养成教育的内涵，教师在数学绘本的选择上应尽可能多元化。经过一系列的观察记录以及评价过程，幼儿对贴近他们生活的衣、食、住、行四个方面的数学绘本较为感兴趣。数学来源于幼儿的生活，生活中处处有数学。数学绘本教学不是独立存在的，可以融入整个绿色生活方式行为素养养成教育中去。

参考文献：

［1］娄文瑶.浅谈绘本在幼儿园数学教学活动中的运用［J］.科学大众：科学教育，2013（9）.

［2］朱雅萍.借数学绘本激趣引思，助小学低段概念教学［J］.小学教学研究，2015（7）.

［3］吴梦昕.巧用绘本，激发幼儿数学学习的兴趣［J］.西部素质教育，2016，2（10）.

［4］岳明斐，芦苇.幼儿园绘本教学的价值与实施策略［J］.考试周刊，2016（78）.

［5］赵灵.幼儿园绘本教学活动的设计与实施［J］.新校园（中旬），2016（10）.

追求绿色生活，
养成节俭意识的个案研究

上海市浦东新区恒宇幼儿园　郁静娴

一、问题的提出

随着物质水平的提高，家庭条件的改善，成人大手大脚的现象随处可见。在耳濡目染下，幼儿也不免会对浪费行为习以为常。本研究希望通过观察，研究这名小班幼儿剩饭剩菜，挑挑拣拣，随意涂抹几笔就丢弃画纸，洗完手后忘记关掉水龙头，撕破图书等行为，归纳阐明幼儿缺乏节俭意识的原因，希望能够引起家长对幼儿缺乏节俭意识的重视，并提出相应的建议，家园共育，共同帮助幼儿养成勤俭节约的意识，避免浪费。

二、研究现状

在中国知网输入"节俭教育"的关键字时，共搜索出96篇文献。可见，有关节俭教育的文献并不多，并且大多数是指向高年级的学生，关于3—6岁幼儿的节俭教育的文献只有寥寥数篇。

本论文在原有文献的基础上，从个案的视角探究节俭教育，旨在补充以往研究的不足，为以后的研究提供参考。

三、研究设计

（一）研究目的

主要研究个案中幼儿缺乏节俭意识的现状及其原因，通过观察法和访谈法，了解幼儿家庭背景及幼儿在家、在园的表现，并提出相应的建议，促进该幼儿和有相似问题的幼儿节俭意识的提高。

（二）研究对象

1. 个案对象

琨琨，男，2016 年 8 月出生，本调查的时间从 2019 年 9 月至 2020 年 1 月，幼儿当时 3 岁，就读于小班。

2. 个案的家庭背景

该幼儿的爸爸妈妈都是上海人，本科毕业，30 岁左右。妈妈每日早晨 9 点至下午 5 点在半导体器件设计公司担任市场助理，所以几乎没有时间接送幼儿；爸爸担任项目经理，平日工作较为空闲，一般都是由爸爸接送幼儿入园、离园。家庭经济状况良好，爸妈皆为溺爱型家长。除此之外，幼儿有时也由奶奶照顾。

（三）研究方法

1. 观察法

观察法是研究人员有目的、有计划地在自然条件下，通过感官或通过一些科学仪器的手段，在一定时间内有目的、有计划地对社会生活中人们行为的各种资料的采集过程。观察法可分为自然观察法和控制观察法，自然观察法是在自然条件下，不加控制和干预地对观察对象进行观察和记录；控制观察法则是在人为控制和干预观察对象的条件下观察并记录状态。

本研究采用的观察法为自然观察法，观察者与被观察者共同生活，观察内容为被观察者的日常行为表现、生活学习环境、人际交往、父亲对被观察者的行为表现等。观察时间为期 5 个月，被观察者每天早晨 8 点半入园，下午 4 点由父亲接回家。

2. 访谈法

访谈法是指研究人员通过与研究对象直接交谈来收集对方的语言资料的一种研究方法。访谈法和观察法通常结合使用，相得益彰。

本研究将对被研究个体及个体的父亲进行访谈，旨在获取第一手资料，为探讨被研究个体的行为现状和影响因素提供支持。

四、研究结果与分析

（一）个案对象行为的记录

记录一：9月，天气非常炎热，琨琨在上厕所。不一会儿，我听到厕所传来他的笑声，走进去一看，原来琨琨在玩水，地板上、盥洗台上到处都是水，身上的衣服也几乎湿透了。

记录二：下午吃点心时，琨琨咬了一口包子，发现是豆沙馅的，于是他把包子掰开，吃掉了里面的豆沙，把包子皮扔在了桌子上，对我说："老师，吃完了，我还要。"

记录三：户外运动后的休息时间，琨琨拿来了画纸和蜡笔坐在椅子上画画。过了一会儿，坐在他旁边的小花叫了起来："老师，你快看琨琨！"我仔细一看，两张洁白的画纸上随意涂抹了几个圆圈后，琨琨又在桌上、地上涂画了起来，地上还有几支断了的蜡笔。

记录四：午餐时间，荤菜是清蒸肉糜，素菜是生菜，还有一个乌骨鸡汤，只见琨琨碰也不碰生菜一下，动作迅速地把肉、饭、汤全都吃完后就想离开座位。我提醒他说："琨琨，蔬菜也要吃哦。"过了一会儿，琨琨把满满的菜碗叠在最下方，试图蒙混过关。

记录五：角色游戏时间，琨琨在娃娃家当爸爸，只见他把玩具娃娃的小衣服、小裤子全都脱了下来，然后又用力地想把娃娃的手也拽下来。

记录六：阅读图书的时候，琨琨看完一本书后，把书卷起来当望远镜玩，接着换了一本书看，因为拿书的姿势不对，书的一角被撕了下来。

（二）访谈记录

通过对幼儿父亲的访问，我们了解到一些琨琨的其他情况，以下选取了几段具有代表性的访谈记录。

1. 关于家庭节俭环境的回答

爸爸说："我们家就一个小孩，他想要什么，我们都尽力满足他。我和妈妈的工作还可以，奶奶也有退休金，我们周末会带孩子去游乐园，基本上他看中什么就买什么，想吃什么就吃什么，不能亏待他的，还给他报了一个思维班，一个英语班，没办法的呀，别的小孩子都学，我们也要学的。我和妈妈倒也没怎么注意家里节俭，家里水费、电费也蛮高的，有时候灯、空调忘记关就出门了，回来才发现。奶奶蛮节俭的，总是说我们年轻人不懂节俭。"

2. 关于幼儿缺乏节俭意识的回答

爸爸说："我们家对孩子都蛮宠的，琨琨喜欢车类玩具，所以给他买了很多。家里大大小小的玩具车都快放不下了，但孩子只要一出门看见新的就要买，不买就闹，我们也就买了。在家里，一般吃饭都是我们喂的，他不要吃蔬菜，一点都不碰，吃了就吐出来，而且他还是过敏体质，很多东西都不能吃的。我们也是为了方便，就不太逼他吃蔬菜了，一直给他吃肉，所以孩子体重也有些超标了。"

（三）个案缺乏节俭意识的原因分析

1. 客观原因

（1）家庭缺乏节俭氛围

个案家中所有人的关爱都集中在一个幼儿身上，自然对幼儿无微不至、有求必应。例如，在生活上，给幼儿吃好穿好，即使家中已有很多类似的玩具车，只要幼儿想要，家长就会重复消费，导致幼儿喜新厌旧，不断追求更新的刺激。

家长重智育轻德育，给幼儿报兴趣班，平时忙于处理自己的事务，生活中较少与幼儿深入交流，较少提及节俭的传统美德，很少表现出节俭的行为。

另外，家长之间相互攀比，如别的幼儿有的，自己也要尽力给幼儿，还要给幼儿更好的，不能让幼儿失望，不太考虑自己家庭的实际能力，导致过度消费。

在幼儿出现缺乏节俭意识的行为时，家长要及时教育，不能溺爱迁就。琨琨在出现浪费行为时，其家人并没有给予及时有效的教育和引导，导致琨琨的浪费行为愈演愈烈。

（2）幼儿园节俭教育有待加强

在教育过程中，教师也应该对幼儿的浪费行为进行适当的引导。比如，如果幼儿损坏了教玩具，可以暂时让幼儿静坐，反思自己的行为，然后和教师一起进行修补；如果有幼儿不喜欢吃蔬菜，可以在餐前多聊聊蔬菜的营养价值，吃了会身体健康等，让幼儿知道要尽量减少浪费的行为。

2. 主观原因

幼儿缺乏节俭意识，不理解或不能正确理解节俭的意义，意志薄弱，不能克服非理性的个性化需求。

幼儿缺乏节俭意识是客观原因和主观原因相互作用的结果，在不同幼儿的身上，各种因素影响的程度各有所不同。

五、建议

（一）家长的实施策略

1. 家长在生活中用实际行动感染幼儿

家长自己要具有良好的勤俭节约习惯，如平时减少空调的使用，使用节能产品，使用可再生材料，用手绢代替纸巾，循环用水，外出吃饭点菜适量，吃不完的食物使用环保袋打包回家，不浪费粮食，多步行、骑行和乘坐公共交通工具，少开私家车。身教重于言教，家长自己在生活中做到节俭，才能在潜移默化中培养幼儿的节俭意识。

2. 观察祖辈节俭行为

家中的祖辈是从艰难困苦的岁月中过来的，他们经历过缺少食物的日子。有些老人甚至现在还保留着当年的物件，如过去的农具、装粮食的帆布口袋等。通过聆听家族史，幼儿会有所触动，加深对节俭的理解。我们身在这个衣食无忧的年代，不能仅追求享乐，要忆苦思甜，不忘初心。

3. 让幼儿通过劳动获得奖励

家长可以指导幼儿在家中做一些力所能及的家务活，如扫地、剥豆子、擦桌子等。家长和幼儿共同用表格记录，通过一个周期的努力，才可以获得一份奖励，这样也可以让幼儿体会到劳动的不容易、收获的喜悦。如果孩子想要什么，家长马上为他办到，孩子得到的越容易，就越不知道珍惜，越容易浪费。

4. 有计划地分配压岁钱的使用

家长可以让幼儿尝试合理分配一部分压岁钱，用记账本进行初步计算，如一部分用来支付自己的学杂费，一部分用来买书，一部分用来买自己喜爱的玩具、零食，并鼓励幼儿参与献爱心活动，理解金钱的价值。

（二）幼儿园的实施策略

1. 根据幼儿年龄特点开展节俭教育

因为琨琨是小班幼儿，所以教师应该根据琨琨的年龄特点进行节俭教育。例如，离幼儿园近的琨琨可以每天步行上下学，少坐小轿车，减少机动车尾气排放；平时减少使用塑料制品，少喝饮料，少吃零食，自带水壶；让琨琨自己选择每种食物，想吃多少就盛多少，不挑食、不剩饭、不掉饭粒，和小伙伴比比谁的桌面、地面和自己的衣物最整洁；从小事做起，节约用水，随手关水龙头；节约用纸，正反使用后还可以剪纸、折纸；看书的时候小心一点，如果不小心弄破了，可以和教师一起修补破损的图书；初步了解垃圾分类，能分清不同种类的垃圾，为减少环境污染、保护生态环境助力；与幼儿讨论并制订节俭公约，让琨琨当"小小节俭员"，看看谁最有节俭的本领，树立小榜样。当琨琨表现出节俭意识和行为时，教师要当着全班幼儿的面及时给予肯定和鼓励。

2. 在游戏中开展节俭教育

在玩游戏时，幼儿有时会出现扔玩具等不爱护玩具的行为。教师可以扮演被摔疼的玩具，引导幼儿轻拿轻放，玩后根据标签整理，理解爱惜玩具也是一种节俭；还可以引导幼儿在角色游戏中扮演和表现心目中不同职业的角色，表达对劳动者和劳动成果的尊重。

3. 在种植园中开展节俭教育

开辟种植园，通过每日精心的浇水、定时的除草松土等劳动，让幼儿体会到食物的珍贵和来之不易，体会一分耕耘一分收获，从而更好地理解为何不能浪费食物；同时让幼儿感受到爱护自然环境对于人类生活的重要性，增强护绿、爱绿的环保意识。

4. 结合当月节日开展节俭教育

通过植树节、劳动节、世界粮食日、世界水日、世界环境日等，开展各类绿色主题活动，带领幼儿多参与社会实践，如参观水厂，去公园清理垃圾，捐赠小时候穿的衣物等活动。

我园曾经开展过跳蚤市场活动，鼓励幼儿把家中闲置的玩具、书籍等带来集市，进行交换或售卖。通过这样的活动，培养幼儿不浪费自己的物品、节约资源、爱护环境的意识和良好劳动习惯，让幼儿体验劳动快乐、公平买卖、资源共享。

5. 教师自身树立节俭榜样

在教育幼儿的同时，教师自身也要注意节俭，如衣着朴素大方，户外活动时随手关灯关电，不使用电脑时及时关机，打印纸双面利用，尽量不使用 KT 板等不环保的材料，节约手工耗材，重复使用教具等。教育应当融入生活，让幼儿看到教师是怎样在工作中注意节俭的，在不经意的模仿中学会节俭。

6. 加强家园合作，共同促进幼儿发展

当发现幼儿出现浪费行为时，教师和家长一起商量出适合该幼儿的解决策略。幼儿改掉的各种不良生活习惯会是一个漫长的过程，需要家长和教师共同耐心地教育与指导。

六、结论

通过上述建议，短短的一个学期，琨琨就有了很大的进步。从以下的记录中，可以看到琨琨的成长。

记录一：户外活动前，小朋友们排队，琨琨突然对我说："老师，不要忘记关灯哦，要节约的。"

记录二：吃午饭时，面对盘子里的蔬菜，琨琨对我说："老师，可不可以帮我在菜上拌点肉酱，我会全部吃完。"

记录三：天气冷了，幼儿自带的水壶因为有些不保温，我就把水壶打开，把冷水倒掉换上热水，琨琨看见了，说："不能浪费水。"

记录四：美术活动时，琨琨的画纸掉在了地上，小花正好踩到了，琨琨捡起来时，画纸已经被撕坏了，琨琨叫了起来："她弄坏了我的纸！"我走过去，说："没关系的，小花不是故意，我给你换一张新的吧。"不料，琨琨却说："不用了，我已经画了一半，老师你帮我用玻璃胶粘一下，还可以画的。"

记录五：放学的时候，琨琨的爸爸叫住我："老师，您前几天是不是讲了一个奶牛挤奶的故事？琨琨回家还讲给我们听呢，他还说不能浪费牛奶，否则奶牛会伤心的。这两天吃早餐的时候，孩子都把牛奶喝得干干净净。"

记录六：来园的时候，琨琨带着一个玩具方向盘，一进门就大声对我说："老师，快看，这个方向盘坏了，本来要扔掉，但是我带来班级里，我们可以做小司机，开车用。"

培养幼儿的节俭意识需要家庭和幼儿园紧密配合，家园一致，一起鼓励表扬幼儿的节俭行为。家园携手才能为幼儿打造出节俭氛围，让节俭成为一种习惯，共同迎接绿色生活。资源不是取之不尽用之不竭的，物质上的富有永远不能使人满足，精神上的富有会成为一辈子的财富。

参考文献：

[1] 王晓慧. 如何培养孩子勤俭节约的好品质[J]. 黑河教育，2013（2）.

[2] 吴蕴曾. 小康时代，节俭教育何为[J]. 人民教育，2016（10）.

[3] 丛淑秀. 如何培养幼儿勤俭节约的好习惯[J]. 黑河教育，2014（10）.

[4] 吴蕴曾. 浅论中小学节俭教育[J]. 科教文汇，2015（10）.

[5] 李欣. 班级管理中应注意加强勤劳节俭教育[J]. 教书育人，2016（32）.

[6] 张艳红. 重拾节俭教育[D]. 南京：南京师范大学，2011.

[7] 孙彦华. 让"勤劳节俭"永驻童心[J]. 辽宁教育，1994（12）.

不一样的"食育"，不一样的绿色生活

上海市浦东新区恒宇幼儿园　袁佳懿

在上一轮的课题中，我园奠定了以衣、食、住、行四个日常生活行为为基础的特色课程内容。自 2018 学年起，我们以班级子课题的形式开展了全新的"食育"特色课程，在该课程实施中，注重"亲自然""有礼貌""能节俭""守规则""会合作""爱探究"六大行为素养的养成。

一、"食育"的实施内容

（一）"食"的知识

包括食物的由来、健康饮食知识、食品安全知识、饮食文化知识等。

（二）"食"的习惯

包括自主进餐、按时进餐、正确咀嚼、不偏食、不暴饮暴食等。

（三）"食"的态度

包括爱惜粮食、主动饮水、进餐礼仪等。

二、"食育"的实施途径

（一）途径一：集体教学活动

传递和探索"食"的知识一般通过集体教学活动来开展。我们也建立了相关的课程资源库。

表 2-11　"食育"课程资源库

"食育"	小班	主题："啊呜啊呜真好吃" 内容："小小蛋儿营养好""香香的蔬菜""鲜榨果汁""啊呜啊呜吃个饱""今天，你喝了吗？""宝宝的早餐"等

（续表）

"食育"	中班	主题："好吃的食物" 内容："食物金字塔""食物清洁剂""我爱吃粗粮"等
	大班	主题："我爱绿色食品" 内容："健康饮料""夏日饮食卫生""食品袋上的信息"等

（二）途径二：个别化学习活动

在个别化学习活动中开展"食"的知识的再理解，如"食物金字塔""健康卫士棋""找一找缺了什么营养""点心制作"等；进行"食"的技能再练习，如通过"喂娃娃""夹豆豆"等活动来练习勺子和筷子的使用；又如，通过"榨果汁""剥毛豆""剥坚果"等活动来练习自我服务的能力。

（三）途径三：生活活动

小班幼儿每天自带水壶，做到自主饮水，运动时也将水壶带到操场。

中班幼儿每天自主盛饭，自己剥虾、橘子、桂圆、鸽蛋等；结合节日，开展食物制作活动，如自制汉堡、元宵、八宝饭、南瓜馒头等。

大班幼儿在每天自主盛饭的基础上每周一次自主盛菜，将原先的饭碗变成餐盘，自主盛饭菜进餐；结合节日，开展食物制作；每月开展一次自助餐活动，菜品更丰富，更注重进餐礼仪；有机会让幼儿参与帮厨活动等。

三、"食育"的实施策略

（一）环境渗透

《幼儿园教育指导纲要（试行）》中明确指出，"环境是重要的教育资源，应通过环境的创设和利用，有效地促进幼儿的发展"。在环境中渗透"食育"体现在："今天，你喝了吗？"的幼儿自主记录饮水量的环境创设；食物金字塔的环境创设等。

（二）参与体验

亲身参与的积极体验能够激发幼儿的兴趣，加深幼儿的理解。参与体验式的"食育"制作活动让孩子们体验到食物制作的艰辛，了解了食物的特性，同时也探索了食物从生到熟的变化。

（三）循序渐进

所有"食育"活动的实施都需要考虑幼儿的年龄特点，循序渐进开展。例如，大班和中班的孩子都是从自主盛饭开始的，盛饭技能慢慢掌握后，大班的孩子开始尝试每两周一次自主盛菜，供孩子们盛的菜也遵循着"不粘连，容易盛"的特点，如肉圆、鹌鹑蛋等。慢慢地，孩子们熟悉了拿餐盘自主盛菜，由两周一次增加到一周一次。中班有了自主盛饭的基础，进入大班后很快就能开展自主盛菜的尝试。

（四）家园共育

开展"食育"的主阵地不仅仅是在幼儿园，也同样需要家庭的参与。只有家园同步，才能在一日三餐中培养幼儿良好的饮食习惯和进餐礼仪。例如，鼓励中大班幼儿在家也自己盛饭，为家人盛饭；进餐时，做到自我服务，如自己剥虾、吃鱼；参与家中的帮厨，帮家长一起择菜、制作食物等。

四、"食育"的实施成效

（一）六大行为素养逐步养成

"亲自然"——通过参与种植园地的小菜园种植，初步了解食物的生长过程，学会珍惜食物。

"有礼貌"——有进餐礼仪，如多人进餐时不占独食，自己喜欢吃的菜也分享给家人；有主动服务他人的意识，在家里帮助爸爸妈妈放碗筷。

"能节俭"——能够按需盛饭，吃多少盛多少，吃完碗里的每一粒饭，不偏食、不挑食，不浪费食物。

"守规则"——自助餐时，会排队等待，自己盛好后把勺子放好，方便后一位同学的使用。

"会合作"——自主盛饭时，会传递大的饭碗，方便他人盛饭；在食物制作活动中，互相帮助。

"爱探究"——自己尝试解决问题，如米饭粘在勺上怎么办？水壶的背带太长怎么办？

（二）饮水、进餐习惯逐步养成

在两年的研究中，小班孩子的饮水量在增加，主动饮水的频次在增加；中大班不少孩子的进餐速度比之前快了，挑食的情况也少了，食欲也增大了。家长们反映，孩子们的自我服务能力增强了，能自己吃饭、剥虾、吃鱼、吐骨头，进餐时的专注度也提高了。

五、思考和展望

"食育"课程已经实施了两年，自主盛饭、盛菜和自助餐活动等都已成为常态，如何拓展更多的有意义的"食育"活动成了我们思考的重点。例如，结合"爱探究"行为素养的养成，可以和孩子一起探索各种食品制作中的科学原理，如冷饮、果冻的制作原理等。又如，中国饮食文化博大精深，还可以开展"各地特色小吃"的主题系列活动。再如，结合"亲自然"行为素养的养成，和孩子一起播种蔬菜，根据季节和二十四节气一起感受大自然的馈赠，等等。

绿色生活方式是一种热爱自然、讲究环保、遵守规则、有序生活和追求高品位的生活方式，开展"食育"课程只是其中一个很小的实施落脚点。我们的尝试刚刚起步，研究还需不断深入。

"旧衣服去哪儿了?"的案例设计与指导

上海市浦东新区恒宇幼儿园　金梦迪

[案例]

随着特色月活动的开展,幼儿纷纷把小时候的衣服带到幼儿园。看着那么多自己小时候穿过的衣物,孩子们在惊喜之余也产生了一些疑问。佳佳说:"这些旧衣服放在家里,妈妈说很占地方,谁有好办法帮我解决?"涵涵说:"小了的衣服还能有什么用呢?"玥玥说:"我的裙子这么好看,扔掉好可惜。可以义卖吗?"……孩子们七嘴八舌的议论启发了我。

"旧衣服去哪儿了?"带着这个问题,我和孩子们一起来到了一家商场,进门一眼就看到了收银柜台前"旧衣回收"的广告牌。"这个大箱子有什么用啊?"我指着广告牌下的回收箱问道。孩子们围着回收箱上上下下打量着,识字的小朋友说出了"旧衣回收"四个字。"是怎么进行回收的?为什么要回收旧衣服?回收的衣服又去了哪里呢?"我鼓励孩子们拿着事先准备好的调查表去寻找答案。十五分钟后,孩子们陆陆续续跑回到我的身边,脸上洋溢着笑容。龙龙说:"老师,叔叔告诉我,每年全世界有几吨的衣服被丢弃在垃圾场。比如,有100件旧衣服,里面就有95件是可以再利用的。"佳佳说:"旧衣回收箱是收旧衣服的,这样可以减少浪费。"仁仁说:"我们穿的旧的、破的、过时的衣服都可以拿到这里来,阿姨和叔叔会分类,把旧衣服变成新衣服,或者变成新的能源。"……

之后,孩子们都表示要把自己不能穿的衣服都带到店里来。

一、发现幼儿内在需求,捕捉契机生成探究活动

幼儿七嘴八舌的疑问让我解读到幼儿问题背后的需求,旧衣服还有用吗?这

正是一个培养幼儿节俭意识的重要契机。当了解到旧衣服能派大用场后，孩子们都表示要把自己不能穿的衣服送到旧衣回收箱里，这正说明教师的正确判断与支持发挥了积极的作用。

二、遵循幼儿发展特点，把握价值深入探索活动

在关注幼儿兴趣的基础上，遵循幼儿发展特点，确定关键经验，挖掘教育价值。例如，在活动中，采用开放性提问启发幼儿积极思考，培养幼儿发散思维；与孩子们共同设计调查表，帮助孩子掌握如何使用调查表；鼓励孩子与店员对话，提高幼儿社会交往能力，这些关键经验对提高幼儿探索能力具有重要意义。

"旧衣服能干什么呢?"
开展"旧衣回收"专题活动的实践

上海市浦东新区恒宇幼儿园　袁佳懿

一、活动缘起

上海的天气说变就变,5 月就出现了高温天气,不少家庭都趁着换季开始整理衣橱。在角色游戏中,孩子们说:"老师,夏天了,娃娃的衣服要换短袖。我们一起为娃娃家整理衣橱吧。"顺着这样的话题和孩子们聊着聊着,就听到几个孩子说起了家中整理换季衣服的趣事:"老师,妈妈找到我好多去年夏天的衣服,今年想穿穿不上了。""老师,我告诉你一个秘密,我妈妈很喜欢买衣服,每次买了新衣服,她就把以前的衣服都理出来。""妈妈说我小时候的衣服都送掉了。"……我们发现,原来孩子对身边的旧衣服有那么高的关注度。"旧衣服能干什么呢?"一个小小的疑问引发了环境月的特色专题活动——"旧衣回收"大行动。

二、活动目标

能亲身参与旧衣回收,愿意探索并了解旧衣回收的不同途径,知道旧衣回收能够帮助别人,体验参与环保公益活动的乐趣。在旧衣改造的过程中,能进行创造性的表达、表现。

三、活动过程

（一）活动发起

"旧衣服能干什么呢?"教师和孩子、家长们共同探讨。大家一起定义了"旧衣服"的概念:一种是还很新,没有损坏,没有污渍,不影响穿着,只是小了,或者款式过时不会再穿的;另一种是可能有一点点污渍,或有小的破洞,无法再继续穿的。根据不同的分类，我们继续思考"旧衣服能干什么呢？"最终的答案总结起来就是"回收"和"改造"。

表 2-12　旧衣回收和改造

回收	（1）转赠（亲戚、朋友等熟人） （2）回收（回收箱回收、机构回收、网络回收）
改造	（1）个人改造 ① 改造成衣服（大人的衣服改造成孩子的，继续穿） ② 改造成用品 a. 玩具类（玩偶、娃娃、运动器具等） b. 环保袋（包包等） c. 家居用品（靠垫、抱枕、小毯子等） d. 用具类（拖把、抹布等） e. 幼儿园游戏使用类（围裙、袖套、鞋套等） ③ 改造成艺术品（布艺贴画等） （2）专业改造（由机器完成） ① 棉质（棉纱、无纺布） ② 化纤、涤纶（编织袋、大棚保温层等）

（二）活动开展

1. 园级层面

在幼儿园大厅里设置"旧衣回收箱"，并提供给孩子们自己整理衣服并包装的实地操作区域。每天，我们都能看到有孩子和家长带着家里的旧衣服投放到幼儿园的回收箱里。

2. 班级层面

根据班级孩子们的兴趣点和年龄特点，每个班级找到不同的切入点开展活动。有的班级的孩子们在家长、教师的带领下寻找身边的"旧衣回收箱"；有的班级探索除了回收箱，还有什么不一样的回收途径，孩子们和家长的发现还真不少：居委会、实体店、网络平台、微信公众号"飞蚂蚁"等等。有的班级的孩子和爸爸妈妈一起整理、清洗、熨烫、打包衣物，亲自送进旧衣回收箱，还在打包的包装袋里写上了自己的祝福；不少大班的孩子还好奇旧衣服最后都去了哪里？探究为什么旧衣回收箱的投放口设计和普通垃圾桶不一样，等等；有的班级的孩子和家长们还一起进行了旧衣改造，改造的成品有的实用，有的美观，创意十足。孩子们在旧衣回收之后受到了启发，还延伸出了"图书捐赠""玩具义卖"等更多有意义的活动。

（三）活动展示

1. 班级活动展示

每班的活动开展情况都被制作成了微场景，想要了解具体情况，都能通过大厅展板上的二维码直接进入班级页面欣赏。有的班级还添加了留言区，加强了互动。

2. "旧衣改造金点子"展示

大厅里创设"旧衣改造金点子"展区，每一个改造创意都能被展示出来。

3. "环保时装秀"展示

除了旧衣服，我们还有各种环保材料制作成的衣服，放在大厅里展示。孩子们还能换上环保服装，背上旧衣改造的美丽包包，来一场"环保时装秀"。

四、活动效果

（一）幼儿的节俭意识逐步落实到行动中

1. 能节俭

节俭不仅是中华民族的传统美德，也是现代社会提倡的价值取向。绿色生活方式所倡导的节俭，内涵更为宽泛、更为深刻。

有一种节俭是——节水、节电、节约粮食、节省纸张等各类资源，换而言之，就是不浪费。"旧衣回收"很好地诠释了节俭的内涵，孩子们参与了旧衣物的捐献、转赠，身体力行不浪费资源。

还有一种节俭是——选择真正有需要的物品，知道哪些是适合自己的，换而言之，就是适度。在系列活动的开展中，教师和孩子一起在讨论中达成了共识：衣服够穿就好，适合自己就好。引申到其他物品也是如此：学习用品够用就好，不多买花哨好看的；玩具适量就好，等等。

当然，我们更提倡这样的节俭——爱护、善待已有的资源，延长它的使用年限和寿命，换而言之，就是能爱惜。在活动的过程中，很多孩子都是第一次了解到大山里的孩子的情况，原来旧衣服对这些孩子来说是如此珍贵的礼物。我们也要爱惜自己的衣物，让它能干干净净的，没有损坏，穿得更久。

节俭还可以是这样的——发挥创意，将无法使用的物品、资源进行改造，换而言之，就是尽其用或再利用。"旧衣回收"系列活动中，在家长们的帮助下，孩子和大人一起奇思妙想，把旧衣物改造成了各种物品。孩子们亲身参与了制作，发现原来有那么多的物品都是可以再利用的。

2. 爱探究

一日生活及各项活动中，我们都鼓励孩子自主发现，提出自己的看法，勇于探究。"旧衣回收"系列活动中，不管是小班、中班，还是大班，都在积极地探索："旧衣服能干什么？""什么样的衣服才是旧衣服？""旧衣服的回收箱为什么那么大？""还有其他地方回收衣服吗？""衣服回收后被送去了哪里？""哪些旧衣服他们更需要呢？"……孩子们提出问题，再和教师、家长一起寻找答案。

3. 有爱心

有爱心的孩子能与他人友好相处，会关爱自己、关爱他人，懂得尊敬他人，也会感恩。培养孩子富有爱心不是停留在表面，而是要内化到孩子的心里，继而表现在行为上。在本次活动中，和旧衣服一起送出祝福，制作爱心卡片，把想说的话录下来都是孩子们自发的行为。大班的孩子们在送出旧衣服之后，还自发开展了"图书捐赠""玩具捐赠和义卖"的活动。教师、家长们也积极响应，从发起到准备，再到活动的开展，每个环节中，每一个参与的成人所表现出的认真、投入都在无形中影响着孩子：关爱无处不在，只有认真做好所有的细节，才能将自己的爱心传递出去。

总之，通过本次"旧衣回收"系列活动，孩子们树立了正确的节俭观念；面对各种问题时，能主动探索，能够发现美、创造美、表达美；同时，也更细致地感受到了个体与他人、与社会的关系，整理衣物的每一个环节都认真投入，细心准备。

（二）我园特色课程的内容逐渐丰富

"旧衣回收"系列活动的开展历时一个多月，涵盖了幼儿园课程的各个方面：集体教学活动有"旧衣服的旅程""身边的回收箱""旧衣服去哪儿了？"等；

谈话活动有"旧衣服有用吗?""想对收到衣服的孩子说什么"等;个别化学习活动有美工区的"布艺贴画""袜子变娃娃",生活区的"我来叠衣服"等;亲子活动及家长助教活动有邀请家长来园开展活动,和孩子们现场一起改造旧衣服等。

随着幼儿园课题的深入,园本特色课程也在不断地调整,不断地积累,不断地深化。

(三)幼儿园、家庭、社区间的联动进一步加强

"旧衣回收"系列专题活动的开展让家长在共同参与中加深对我园特色课程的理解与认可,也在参与中和孩子一起感悟到了绿色生活的重要性。家园形成一股合力,共同收集信息,一起解答孩子的疑问,让孩子在一次次的活动中懂得节约,珍爱自然,文明守规则。

本次的活动不仅仅加深了幼儿园与家庭的联动,也紧密了幼儿园、家庭与社区的关系。例如,教师带着孩子一起去社区居委捐赠衣物;家长和孩子一起去社区寻找回收箱;教师、家长和孩子们一起去社区卫生服务中心进行捐赠,等等。

旧衣服能干什么呢?我们的答案是:多到你无法想象!我们的孩子甚至还在想:旧鞋子能干什么呢?旧杂志、旧报纸能干什么呢?旧书能干什么呢?旧玩具能干什么呢?……

家庭中指导家长利用废旧材料
开展幼儿美术教育的研究

上海市浦东新区恒宇幼儿园　瞿旎卉

　　生活中的很多废弃物都是宝贝。为了让孩子们明白这一道理，提高幼儿对废弃物的认识，懂得循环再利用是保护环境的好办法，我们从小班入园的第一天开始，就将"小材料、大用途"渗透在一日活动中，并通过"大手牵小手、小手牵大手"系列活动，让孩子在生活中感知，在情景中体验，在行动中养成节俭行为。

一、积极创设幼儿园的环境，让孩子们感知废弃物不再是垃圾

　　我们在幼儿园的每一个角落，都摆放着孩子们自己收集、整理的废旧材料。通过归类、收集、作品呈现，让他们发现，原来日常生活中的一些废旧物品也可以变得如此生动、美丽。在无声的教育影响中，引发孩子们对废旧材料的关注。

二、师生、家园共同收集废弃物，在收集与整理中感知废弃物也是宝

　　我园在楼梯的每一个角落创设了一个废弃物的收集箱。教师、幼儿共同讨论什么样的材料是可以用的；在收集废弃材料时，采用什么办法最有效？……通过一系列的讨论，每个幼儿学会关注收集箱的标志，有意识地将家里使用过的废弃材料带来。另外，我们还在大厅摆放需要收集的废弃物的图片，发动全园家长、幼儿、教师更有目的地收集废弃物。在收集与整理中，幼儿感知到废弃物也是宝，体验到付出、整理、收集的快乐。

三、感受废弃物再利用的成就感

每一个班级都有一个百宝箱，在这个百宝箱里，有孩子们自己收集来的废弃材料。在游戏中，孩子们自然地将废弃材料作为替代物。

四、废弃物展现我们对美的追求与创造

在我园开展的废弃物再改造中，家长用废弃瓶子制作出艺术品，用废弃盒子制作出灯笼……在创造美、表现美的过程中，孩子们提高了对美的想象力、感受力和表现力。

教育来源于生活，教育离不开生活，生活中处处有教育。我园在开展废弃物再利用的过程中，始终将环保、健康、节俭、创造、分享、表现融入其中，让小材料发挥更大的教育用途。

附：

表 2-13　废旧材料收集参考

家庭用品类	手套、瓶盖、镜子、梳子、皮夹、绳索、废地毯片、旧钟零件、发夹、缎带、橡皮圈、蛋壳、旧地板、衣架、图钉、灯罩、油毡、泡沫塑料、管子、废木料、镜框、包装材料、刷子、旧轮胎、瓶子（不易破碎的）、螺丝、沙子、螺栓、纤维板、杂物袋、吸管、线轴、帽子、饰物、花边、领结、袜子、用过的彩笔、吃过的坚果壳。
废纸类	硬纸板、纸盒、贺卡、杂志、砂纸、卷轴、吹塑纸、瓦楞纸、餐巾纸、报纸、蜡纸、包装纸、糖纸。
纸盒类	香皂盒、肥皂盒、电视机盒、牙膏盒、冰箱盒、冰激凌盒、饼干盒、塑料盒、鞋盒、牛奶箱。
废布类	棉布、天鹅绒、帆布、旧牛仔裤、旧衣服、粗麻布、斜纹布、蚊帐、毛毡。
植物类	胡萝卜、白菜菜根、西芹茎等。

小班幼儿良好喝水习惯培养初探

上海市浦东新区恒宇幼儿园　王琛夏

从小班入园第一天开始，我们就将自带水壶的要求渗透在一日活动中，并通过环境创设、儿歌、集体活动、谈话活动等相应策略，在潜移默化中培养幼儿自主喝水的习惯。

一、问题及原因分析

［案例］

来园时，家长总会叮嘱："宝宝，你要多喝水""老师，我家宝贝感冒了，麻烦您提醒他多喝水。"在操场上，总听到老师叫喊："小朋友，快去喝水。"在喝水桶旁，教师看着正在接水的孩子说："你怎么把水倒了？""你喝的水太少了，再喝一杯。"

原因分析：小班幼儿自我服务意识较弱，暂时还不能把喝水的习惯内化成自己的需要，总是需要教师提醒；有的孩子不爱喝白开水；教师无法了解每个孩子具体的每日饮水量；幼儿园水杯不够个性化，不吸引幼儿。

二、小班幼儿良好饮水习惯的培养策略

（一）将喝水活动渗透于一日活动中

在一日活动中，幼儿可以自主拿取水壶喝水。

（二）积极创设环境，培养喝水习惯

我们创设"加油站"的环境，激发孩子喝水的兴趣，如幼儿变成一辆辆"小汽车"，幼儿喝水的时候扮演小汽车在"加油"，自己的水壶变为"油箱"。

（三）利用教育机智，推动幼儿自我可持续发展

1. 通过儿歌、故事的形式，激发幼儿喝水的兴趣。

2. 教师记录、统计幼儿日常喝水次数及饮水量，并对喝水情况良好的幼儿进行表扬。

3. 通过集体教学活动"白开水和饮料"，帮助幼儿了解喝水的重要性，引导幼儿能主动喝水，知道白开水是最好的饮料。

［案例］

"老师，我拿不出我的水壶。""老师，我的水壶卡在里面了。""老师，帮帮我。"我走近一看，原来大家的水壶背带都缠绕在一起了，所以拿不出水壶，导致幼儿很焦急。

如何让幼儿自主解决呢？于是，我们开展了一次谈话活动"为什么拿不出我的杯子了呢？"通过现场演示，幼儿发现，水杯间的背带总是缠在一起，拿出来很不方便，于是大家展开讨论：

改变1：在水壶架上做好每个人的标记，放好水壶后把背带缠绕在水壶上。但是，实行几天后，幼儿发现缠绕的背带容易自己掉落。

改变2：背带和水壶分开放，来园把水壶放在水壶架，背带放入箩筐，这样问题就解决了。就这样，在讨论下，大家制订了摆放水壶的规则。幼儿遵守规则，来园把水壶背带放入箩筐，水壶放进水杯架，排队拿取水壶喝水。

（四）家园同步，巩固成果

幼儿喝水习惯的培养也需要家长的配合。前期，我们通过问卷调查了解家长的饮水观念及幼儿现状，根据调查结果开展家长会，向家长宣传喝水的重要性，并请家长在家能给孩子做一个好的榜样，主动积极地接受、学习新观念。

三、活动成效

经过一学期的实践后，孩子的喝水量、喝水频率提高了。通过自带水壶，幼儿学会管理自己的物品，提高了动手能力。在喝水活动"加油站"中，通过情境性

的语言，如"小汽车加油啦""注意保持车距""小油箱放整齐了"……提醒幼儿遵守规则排队拿取水壶喝水。一段时间后，教师已经不用太多提示性语言，幼儿也能完成自主喝水。

绿色生活方式的
养成教育从洗手开始

上海市浦东新区恒宇幼儿园　陆剑

《幼儿园教育指导纲要（试行）》指出，"在孩子生活经验的基础上，帮助孩子了解自然、环境与人类生活的关系，从身边事入手，培养初步的环保意识和行为"。因此，与家长一起携手，家园合作开展幼儿绿色生活方式行为素养养成教育就显得尤为必要。在开展绿色生活方式行为素养养成教育中，我发现：有些绿色生活方式的行为，孩子很容易习得，如不乱扔垃圾，遵守交通规则，讲文明懂礼貌等，因为对这些行为，家长已经形成了普遍共识，但有些绿色生活方式养成过程并不顺利。

就拿来园洗手这件小事来说，尤其是冬季，孩子会有各种不洗手的理由，有的孩子说："奶奶说早上家里洗过了，我的手是干净的。"有的孩子说："妈妈说我涂了润肤露，可以不洗手。"有的孩子说："我爷爷说的，老师盯着我的时候，我从旁边溜进去，因为手多洗对皮肤不好。"……家长们帮孩子找了各种不洗手的理由，或许，在他们内心深处始终认为，早晨来园根本没必要洗手，这一重要的入园环节就是多此一举。

面对这些问题，我在家长工作方面做了如下调整：

一、改家长讲座为主题式家长沙龙

虽然从组织形式和实施的方便性来说，家长讲座有很大的优势，但是就类似来园要不要洗手这种未达成共识的问题，我们尝试选用主题式家长沙龙，特邀祖辈共同来参加，大家畅所欲言。在公开、自由的气氛中，家长思维碰撞，对来园洗手这一有争议的教养态度与方法进行积极的讨论、思考和交流。例如，在沙龙中，有几位老人提出疑问："为什么家里洗好手了，来幼儿园再要洗一次手？""难道不能提供消毒湿纸巾让幼儿擦手？这样既方便又快捷。"保健教师针对大家的顾虑给了专业性的科学指导。家长的疑问和顾虑在面对面的平等对话中渐渐消除，在互动中深刻领会进园洗手对幼儿发展的价值。

二、改班级家长助教为行走式家长助教

家长来自各行各业，是幼儿园一份宝贵的教育资源。因此，我园每班都会定期开展家长助教活动。然而，在班级中开展家长助教有它的局限性。例如，中三班嘟嘟妈妈是医生，她为小朋友准备了一个"细菌无处不在"的探究活动，那些显微镜、塑料图片、卫生宣传片把孩子们带入一个神奇的世界。这样的资源求之不得，应该多多利用。于是，我们与嘟嘟妈妈进行了沟通，同她一起根据不同年龄段孩子的认知特点，将活动内容进行了微调，并邀请她在自己方便的时间来园，进入一个个班级为孩子们做演示、做讲解。通过显微镜观察，孩子们看到了细菌的模样，有了直观的认识，纷纷表示要认认真真洗小手，把细菌都赶走。孩子回家后，兴奋地把自己的体验告诉家人。

三、改固定家长志愿者站位为增加家长志愿者服务项目

每天早上 7：30—8：30，家长志愿者来园，分别在不同的地点提醒幼儿在教学楼内的安全。门厅洗手台对面也有一个站位，长期以来，家长志愿者关注比较多的是幼儿上下楼梯的安全，明显忽略了对面洗手台处的情况。发现这一问题后，我及时将这一现象反馈给园方，希望家长志愿者除了关注幼儿安全问题，也能参与指导幼儿来园洗手。

我的意见得到了园方和教师们的大力支持。各班教师利用家长会将这一举措向家长进行了宣传。从此，门厅处的洗手台多了一位家长的身影，我们经常能看到家长志愿者在洗手台前帮助孩子卷袖管，擦干小手，做着及时提醒。

通过幼儿与家长的互动，相信家长的教育理念与教育行为一定会有所转变，成为孩子的表率，与我们共同营造一个温暖、有序的绿色环境，助推幼儿良好行为习惯的养成。

"小"生活里的大成长

上海市浦东新区恒宇幼儿园　王晓敏

2017 年，刚开始工作时，我是一名普通的一线教师，园长和教师们在谈论她们的课题时，我只是把"绿色生活方式行为素养养成教育"作为一个环保课题来认识。担任年级组长后，通过与园长、教师们一起开展绿色生活方式行为素养养成教育的课程建构，我对绿色生活方式行为素养养成教育的内涵有了深入的理解。

一、我的教育理念在慢慢改变

第一次听到绿色生活方式行为素养养成教育时，我粗浅地认为，不过就是教育幼儿不乱扔垃圾，倡导低碳环保，对废旧物品回收再利用等。这些内容用得着进行这么久的研究，对幼儿进行如此长期的培养吗？难道不是几堂学习活动、几次家长宣传就能达到效果的吗？心存疑问，我在专家讲座和科研会议上进行了学习和聆听。原来，绿色生活方式也称之为绿色生活习惯，重点要从衣、食、住、行四个方面对幼儿进行绿色生活方式行为素养养成教育，促进他们四方面的生活行为与习惯形成和健康生活意识与态度的积极变化，既然是一种习惯，又何来一蹴而就。对幼儿进行绿色生活方式行为素养养成教育，我们不仅需要关注幼儿良好的生活行为习惯的培养，同时更要注重幼儿内在相应的行为素养的培养，要将幼儿绿色生活方式养成与其基本行为素养培养结合起来，或者说，将幼儿绿色生活方式养成教育提升至行为素养培养层面。

另外，"自带水壶"的提出又和我的传统思想发生了碰撞。随着这一举措益处的渐渐浮现，我开始重新审视自己的儿童观，我自认为为孩子着想的做法真的是他们需要的吗？一天早上，豆豆一脸不开心地进了教室，奶奶告诉我，豆豆的水壶出门忘带了，我连忙安慰豆豆："没事的，学校里也有小水杯，一样可以用。"我组织幼儿喝水时，看到一脸委屈的豆豆驻足在茶水桶前，不时看看边上用水壶喝水的同伴，却不肯拿我们准备好的小水杯。我走上前问："你怎么了？这个杯子都是阿姨洗干净的，你拿着它去倒水吧。"可是，豆豆眼泪汪汪地说："我想要我自己的小水壶，没有水壶，我就不能和布丁比谁喝的水多了。"我从来不知道放学前让孩子拎拎水壶比比重量的小环节会对孩子有这么大的影响。疫情期间，一次和幼儿在线沟通的过程中，妙妙妈妈说妙妙在家也喜欢用自己的小水壶喝水，每天都会自己保管小水壶，出去也要背上它，很少喝外面的饮料了。豆豆和妙妙的行为体现出的是孩子爱探究、讲规则、能节俭的良好素养。我欣喜地发现，一个小小的改变能促进孩子大大的发展，一个小水壶能让家长、教师、阿姨更加清晰地了解每一个孩子。我开始真正地"蹲"下来看孩子，感受教育观念转变所带来的幼儿的全面提升。

从认为幼儿绿色生活方式行为素养养成教育的意义不大，到如今清醒地认识到绿色生活方式几乎涵盖了人的发展的核心竞争力；从之前听到绿色就盲目认为是环保教育，到现在认同它其实是一种儿童成长方式的教育，我的理念随着课题的开展不断地更新和提高。

二、我的专业技能在慢慢提高

除了理念上的转变，研究课题给我带来的成长也落到了实处。在撰写课题记录本时，我尝试根据本班特点制订实践目标、实施计划、调查问卷等，在一次次的试错中不断归纳和小结，寻求更为合适的研究方法。"不主动倒水的乐乐""瓶宝宝的花衣裳""水壶带子绕一绕""我的杯子哪儿去了""有颜色的水"等都是我在这过程中一点一滴积累下来的案例，这不仅仅勾画出我的成长轨迹，也让科研不再遥不可及。

作为小教研组长的我将经验辐射到自己组内，及时组织教师对课题的新理解和操作方法进行探讨，以便有目的地开展具有针对性的活动，以点带面，充分发挥教师的主观能动性，不断在"反思、实践、提高"中实现自我可持续性的发展。

　　如今，我会向有经验的教师学习将废弃物变成有用的教玩具、生活用品。生活因为这种改变而变得精致、美好。亲近自然、讲究环保、追求高雅的生活态度让我不再是一位"教书匠"，而是一位善于学习和合作的教师。秉承着这样的理念，在绿色人文的打造下，成就更美好的自己。

03 第三篇 幼儿绿色生活方式养成教育专题活动

特色月活动

"动手植绿，享受快乐"爱绿月活动方案（3月）

一、活动目标

1. 在丰富多彩的爱绿活动中，幼儿感受绿色植物在生活中的重要性。

2. 幼儿了解爱护树木的各种方法，感受爱护环境的快乐。

二、活动准备

1. 制订"动手植绿，享受快乐"活动方案，确定活动的具体内容。

2. 运用微信等形式向家长以及幼儿宣传活动安排和内容。

3. 制订各项活动计划，准备好活动所需物品。

三、活动流程

1. 与幼儿分享爱绿月的活动安排，并介绍各个活动的具体内容。

2. 年级组设计倡议海报，布置在幼儿园大厅。

3. 组织幼儿来到菜地、自然角、幼儿园，为小树浇水、施肥，并给小树做标签。

4. 鼓励家长在家中与幼儿一起交流爱护绿化的方法。

四、活动内容

1. 以年级组为单位的活动计划。

2. "倡议海报"的宣传与设计。

3. "给小树浇水"活动计划、准备、反思及花絮。

4. "给小树做标签"活动计划、准备、反思及花絮。

5. "自然角创设"活动计划、准备、反思及花絮。

6. "种植园地"活动计划、准备、反思及花絮。

7. "绿色小氧吧"活动计划、准备、反思及花絮。

8. "春游踏青"活动计划、准备、反思及花絮。

9. 梳理各班活动小结与花絮，并发布在幼儿园公众号上。

表3-1 "动手植绿，享受快乐"爱绿月活动方案

日期	名称	时间
3月1日	倡议海报	空班时间
3月9日	给小树浇水	10：45—11：00
3月10日	给小树做标签	10：45—11：00
3月13日—3月15日	自然角创设	各班自行安排
3月20日—3月24日	种植园地	各班自行安排
3月20日—3月31日	绿色小氧吧	各班自行安排
3月20日—3月31日	春游踏青	9：00—15：00
3月30日	幼儿园公众号发布活动内容	/

"关爱你我他"关爱月活动方案（4月）

一、活动目标

1. 在形式多样的关爱活动中，幼儿懂得如何去关爱自己、关爱家人、关爱他人、关爱小动物。

2. 幼儿感受关爱周围的人和事物是一件快乐的事情。

二、活动准备

1. 制订"关爱你我他"活动方案，确定活动的具体内容。

2. 运用微信等形式向家长以及幼儿宣传活动安排和内容。

3. 制订各项活动计划，准备好活动所需物品。

三、活动流程

1. 与幼儿分享关爱月的活动安排，并介绍各个活动的具体内容。

2. 年级组设计倡议海报，布置在幼儿园大厅。

3. 组织幼儿来到门卫室做礼仪小绅士和礼仪小淑女。

4. 说说"我的关爱小故事"。

四、活动内容

1. 以年级组为单位的活动计划。

2. "倡议海报"的宣传与设计。

3. "爱自己，爱运动"的活动计划、准备、反思及花絮。

4. "捶捶背、洗洗脚、端杯水、送个吻、做家务"的花絮。

5. "晨间礼仪岗"活动计划、准备、反思及花絮。

6. "我来照顾你"活动计划、准备、反思及花絮。

7. "护蛋行动"活动计划、准备、反思及花絮。

8. "饲养小动物"活动计划、准备、反思及花絮。

9. 梳理各班活动小结与花絮，并发布在幼儿园公众号上。

表 3-2　"关爱你我他"关爱月活动方案

日期	名称	时间
4 月 1 日	倡议海报	空班时间
小班 4 月 14 日 中班 4 月 25 日 大班 4 月 19 日	爱自己，爱运动	9：30—11：00
4 月 10 日—4 月 14 日	捶捶背、洗洗脚、端杯水、送个吻、做家务	家中
4 月 17 日—4 月 21 日	晨间礼仪岗 我来照顾你	各班自行安排
4 月 24 日—4 月 28 日	护蛋行动 饲养小动物	各班自行安排
4 月 28 日	幼儿园公众号发布活动内容	/

"安全我知道"安全月活动方案（5月）

一、活动目标

1. 开展安全月系列活动,增强幼儿安全意识,懂得一些自我保护的方法,提高自我保护能力。

2. 帮助幼儿了解生活环境中的不安全因素,知道爱惜生命。

二、活动准备

1. 制订"安全我知道"活动方案,确定活动的具体内容。

2. 运用微信等形式向家长以及幼儿宣传活动安排和内容。

3. 制订各项活动计划,准备好活动所需物品。

三、活动流程

1. 与幼儿分享安全月的活动安排,并介绍各个活动的具体内容。

2. 年级组设计安全儿歌海报,呈现在幼儿园大厅。

3. 通过"我会保护我自己"活动,培养幼儿的交通安全、防火、防电、防地震等安全意识。

（1）教育幼儿认识交通安全标志,乘车时不要把手和头伸出窗外,坐稳,坐好,不坐"三无"车辆（无车牌、无行驶证、无养路费）。

（2）教育幼儿不要在马路上乱跑、打闹,不要随便坐别人的车辆,不跟陌生人走。

（3）防火安全:教育幼儿不玩火,不燃放烟花爆竹,学会打火警电话（119），掌握正确的自救方法（通过消防演习）。

（4）用电安全：教育幼儿不要乱动电器设备，如果电器冒烟，不要乱动，赶快请大人来切断电源；打雷时，不在电线下和大树下玩等。

4. 组织开展"安全隐患我发现"活动，通过走一走、找一找、画一画、贴一贴，寻找校园安全隐患，杜绝校园安全事故。

5. 组织开展"食品安全我知道"活动，帮助幼儿了解食品保质期、垃圾食品等，提倡合理、健康饮食。

四、活动内容

1. 以年级组为单位的活动计划。

2. "安全儿歌海报"的宣传与设计。

3. "消防安全演习"活动计划、准备、反思及花絮。

4. "安全隐患我发现"的活动计划、准备、反思及花絮。

5. "我会保护我自己"活动计划、准备、反思及花絮。

6. "食品安全我知道"活动计划、准备、反思及花絮。

7. 梳理各班活动小结与花絮，并发布在幼儿园公众号上。

表 3-3　"安全我知道"安全月活动方案

日期	名称	时间
5 月 2 日	安全儿歌海报	空班时间
5 月 3 日	消防安全演习	10：00—10：30
5 月 8 日—5 月 12 日	安全隐患我发现	各班自行安排
5 月 15 日—5 月 19 日	我会保护我自己	各班自行安排
5 月 22 日—5 月 26 日	食品安全我知道	各班自行安排
5 月 29 日	幼儿园公众号发布活动内容	/

"爱护环境，从我做起"环境月活动方案（6月）

一、活动目标

1. 幼儿知道6月5日是世界环境日，懂得要爱护环境，有一定的环保意识。

2. 幼儿乐于参与各项变废为宝的活动，初步尝试垃圾分类和环保知识的宣传。

二、活动准备

1. 制订"爱护环境，从我做起"活动方案，确定活动的具体内容。

2. 运用微信等形式向家长以及幼儿宣传活动安排和内容。

3. 制订各项活动计划，准备好活动所需物品。

三、活动流程

1. 与幼儿分享环境月的活动安排，并介绍各个活动的具体内容。

2. 年级组设计环境月海报，呈现在幼儿园大厅。

3. 组织开展"垃圾分类大家来"系列活动。

（1）在班级、校园中投放分类垃圾桶。

（2）开展垃圾分类知识小竞赛，评选"垃圾分类小卫士"。

（3）开展"垃圾分类入我家"小调查，评选环保家庭。

4. 利用楼道的回收纸箱内物品，开展"废弃物大作战"环保制作。各班选择一种材料，邀请家长参与亲子制作。

5. 带领幼儿进社区进行垃圾分类、节水、节电环保宣传，并请家长在家中和幼儿一起交流保护环境的方法。

四、活动内容

1. 以年级组为单位的活动计划。

2. "环境月海报"的宣传与设计。

3. "地球环境日"活动计划、准备、反思及花絮。

4. "垃圾分类知识竞赛"活动计划、准备、反思及花絮。

5. "垃圾分类小调查"活动计划、准备、反思及花絮。

6. "废弃物大作战"的活动计划、准备、反思及花絮。

7. "环保进社区"宣传活动计划、准备、反思及花絮。

8. 梳理各班活动小结与花絮，并发布在幼儿园公众号上。

表3-4 "爱护环境，从我做起"环境月活动方案

日期	名称	时间
6月2日	环境月海报	空班时间
6月5日	地球环境日	10：45—11：00
班级内6月6日 年级组6月7日	垃圾分类小竞赛	10：45—11：00
6月12日—6月16日	垃圾分类小调查	各班自行安排
6月19日—6月23日	废弃物大作战	各班自行安排
6月20日—6月29日	环保进社区	各班自行安排
6月30日	幼儿园公众号发布活动内容	／

"行走的力量"绿色出行月活动方案（9月）

一、活动目标

1. 幼儿知道 9 月 22 日是无车日，了解绿色出行的具体含义。

2. 幼儿了解摩托车、汽车给环境带来的危害，能选择低碳绿色的出行方式。

3. 幼儿能步行上幼儿园，愿意尝试并坚持健康的绿色生活方式。

二、活动准备

1. 制订"行走的力量"绿色出行月活动方案，确定活动的具体内容。

2. 运用微信等形式向家长以及幼儿宣传活动安排和内容。

3. 制订各项活动计划，准备好活动所需物品。

三、活动流程

1. 与幼儿分享绿色出行月的活动安排，并介绍各个活动的具体内容。

2. 年级组设计绿色出行月海报，呈现在幼儿园大厅。

3. "绿色出行，我承诺倡议书"呈现在幼儿园大厅，开展倡议签名。

4. 组织开展"行走的力量"系列活动。

（1）班级内评选每天步行上幼儿园的班级小达人。

（2）年级组推选步行上幼儿园达人班级并挂流动红旗。

（3）开展外出徒步活动。

5. 开展亲子设计创作评比活动"未来的新式汽车"。

6. 带领幼儿进社区进行无车日宣传，请家长在家中和幼儿一起贯彻推行绿色出行。

四、活动内容

1. 以年级组为单位的活动计划。

2. "绿色出行月海报"的宣传与设计。

3. "绿色出行，我承诺"承诺书设计、制作、签名。

4. "行走的力量——步行上幼儿园"活动计划、准备、反思及花絮。

5. 亲子设计创作"未来的新式汽车"的活动计划、准备、反思及花絮。

6. "无车日进社区"宣传活动计划、准备、反思及花絮。

7. "9月22日无车日"活动计划、准备、反思及花絮。

8. "行走的力量——户外徒步"活动计划、准备、反思及花絮。

9. 梳理各班活动小结与花絮，并发布在幼儿园公众号上。

表3-5 "行走的力量"绿色出行月活动方案

日期	上午	
	名称	时间
9月2日	绿色出行月海报	空班时间
9月5日—9月9日	"绿色出行，我承诺"大型倡议签名	来园、离园
9月1日—9月30日	行走的力量——步行上幼儿园	10:45—11:00
9月12日—9月16日	亲子设计创作"未来的新式汽车"	各班自行安排
9月19日—9月23日	无车日进社区	各班自行安排
9月22日	9月22日世界无车日	10:45—11:00
小班9月27日 中班9月28日 大班9月30日	行走的力量——户外徒步	9:30—10:30
9月30日	幼儿园公众号发布活动内容	/

"感恩你我，真情成长"感恩月活动方案（10月）

一、活动目标

1. 幼儿知道要对别人的帮助和付出表示感谢，体会感谢别人是一件快乐的事情。

2. 幼儿会用多种方式表达谢意，在行动中体验感恩的美好。

二、活动准备

1. 制订"感恩你我，真情成长"感恩月活动方案，确定活动的具体内容。

2. 运用微信等形式向家长以及幼儿宣传活动安排和内容。

3. 分头制订各项活动计划，准备好活动所需物品。

三、活动流程

1. 与幼儿分享感恩月的活动安排，并介绍各个活动的具体内容。

2. 设计绿色出行月海报，呈现在幼儿园大厅。

3. 来园"爱的抱抱"，离园"鞠躬行礼"。

4. 组织开展"感恩你我，真情成长"系列活动。

（1）制作感恩卡。

（2）赠送感恩卡。

（3）为爸爸妈妈做件事。

（4）唱《感恩的心》。

四、活动内容

1. 以年级组为单位的活动计划。

2. "感恩月海报"的宣传与设计。

3. 来园"爱的抱抱"活动计划、准备、反思及花絮。

4. 离园"鞠躬行礼"活动计划、准备、反思及花絮。

5. "感恩卡制作"活动计划、准备、反思及花絮。

6. "重阳节感恩祖辈"活动计划、准备、反思及花絮。

7. "感恩校园"活动计划、准备、反思及花絮。

8. "为爸爸妈妈做件事"的活动计划、准备、反思及花絮。

9. "歌唱《感恩的心》"的活动计划、准备、反思及花絮。

10. 梳理各班活动小结与花絮，并发布在幼儿园公众号上。

表3-6 "感恩你我，真情成长"——感恩月活动方案

日期	名称	时间
10月8日	感恩月海报	空班时间
10月8日—10月31日	来园"爱的抱抱"	来园
10月8日—10月31日	离园"鞠躬行礼"	离园
10月8日	感恩卡制作	各班自行安排
10月9日	重阳节感恩祖辈	各班自行安排
10月10日—10月14日	感恩校园	各班自行安排
10月17日—10月21日	为爸爸妈妈做件事	各班自行安排
10月24日—10月28日	歌唱《感恩的心》	各班自行安排
10月31日	幼儿园公众号发布活动内容	/

"我运动，我快乐"运动月活动方案（11月）

一、活动目标

1. 幼儿愿意参与各项体育运动，提高各方面运动能力，体验运动带来的快乐。

2. 幼儿通过小竞赛了解规则的重要，有集体荣誉感。

二、活动准备

1. 制订"我运动，我快乐"运动月活动方案，确定活动的具体内容。

2. 运用微信等形式向家长以及幼儿宣传活动安排和内容。

3. 制订各项活动计划，准备好活动所需物品。

三、活动流程

1. 与幼儿分享运动月的活动安排，并介绍各个活动的具体内容。

2. 年级组设计运动月海报，呈现在幼儿园大厅。

3. "我运动，我快乐"系列活动。

（1）律动及操节评比。

（2）中班排球比赛，大班跳绳比赛。

（3）小班、中班、大班亲子运动会。

4. 亲子制作运动小器械。

5. 鼓励家长在家中与幼儿一起多运动，练习拍球、跳绳。

四、活动内容

1. 以年级组为单位的活动计划。

2. "运动月海报"的宣传与设计。

3. "律动、操节评比"活动计划、准备、反思及花絮。

4. "中班拍球、大班跳绳比赛"活动计划、准备、反思及花絮。

5. "亲子运动会"活动计划、准备、反思及花絮。

6. "运动小器械制作"活动拍照、汇总。

7. 梳理各班活动小结与花絮，并发布在幼儿园公众号上。

表 3-7 "我运动，我快乐"运动月活动方案

日期	名称	时间
11 月 1 日	运动月海报	空班时间
11 月 7 日—11 月 11 日	律动、操节评比	运动时间
11 月 14 日—11 月 18 日	中班拍球、大班跳绳比赛	运动时间
11 月 21 日—11 月 25 日	亲子运动会	9：00—11：00
11 月 28 日—11 月 30 日	运动小器械制作	各班自行安排
11 月 30 日	幼儿园公众号发布活动内容	/

"小小的梦想，大大的未来"梦想月活动方案（12月）

一、活动目标

1. 幼儿初步了解各类职业的工作内容，知道"梦想"的含义，对未来有憧憬。

2. 幼儿能大胆、自信表述自己的梦想，体会有梦想的快乐。

二、活动准备

1. 制订"小小的梦想，大大的未来"梦想月活动方案，确定活动的具体内容。

2. 运用微信等形式向家长以及幼儿宣传活动安排和内容。

3. 分头制订各项活动计划，准备好活动所需物品。

三、活动流程

1. 与幼儿分享梦想月的活动安排，并介绍各个活动的具体内容。

2. 设计梦想月海报，呈现在幼儿园大厅。

3. 开展亲子阅读活动，阅读与"梦想"主题相关的书籍，在班级"绿色同享"的时刻，分享给其他幼儿。

4. 每个孩子参与"小小的梦想"调查，将自己的照片和梦想写在或画在"梦想心愿卡"上，先在班级中交流，然后统一挂到"梦想树"上。

5. 邀请各行各业的家长来做家长助教，展示、介绍各自职业的风采。

6. 请家长在家中与幼儿多交流，让幼儿了解"梦想"背后的故事，一起畅想孩子"大大的未来"。

四、活动内容

1. 以年级组为单位的活动计划。

2. "梦想月海报"的宣传与设计。

3. "亲子阅读：梦想好书推荐"活动计划、准备、反思及花絮。

4. "小小的梦想"调查活动计划、准备、反思及花絮。

5. "梦想心愿树"活动计划、准备、反思及花絮。

6. "家长助教——职业展示周"活动记录、整理、收集。

7. 梳理各班活动小结与花絮，并发布在幼儿园公众号上。

表 3-8 "小小的梦想，大大的未来"——梦想月活动方案

日期	名称	时间
12 月 1 日	梦想月海报	空班时间
12 月 5 日—12 月 9 日	亲子阅读：梦想好书推荐	10：45—11：00
12 月 12—12 月 16 日	小小的梦想	10：45—11：00
12 月 16 日	梦想心愿树	各班自行安排
12 月 19 日—12 月 23 日	家长助教 ——职业展示周（一）	各班自行安排
12 月 26 日—12 月 30 日	家长助教 ——职业展示周（二）	各班自行安排
12 月 31 日	幼儿园公众号发布活动内容	/

特色教案

小鸡捉虫（亲自然）

上海市浦东新区恒宇幼儿园　陈宇华

一、设计意图

喜欢小动物是孩子的天性，在有趣的数活动中，挖掘孩子亲近自然、关爱动物的美好情感。结合小班幼儿年龄特点，我设计了本次活动，旨在活动中渗透爱，让幼儿感知帮助别人是件快乐的事情。

二、活动目标

1. 幼儿尝试手口一致点数，用一一对应的方法比较物体的多少，并且能按数取物。
2. 幼儿了解小鸡有捉虫的本领，体验帮小鸡捉虫的快乐。

三、活动准备

母鸡 1 只，白、黄、灰、花 4 只小鸡；小鸡和小虫的操作盒人手一份；1—5 数字卡片；毛毛虫若干。

四、活动过程

1. 给小鸡取名

（1）师：它们是谁？鸡妈妈有几只小鸡宝宝？

（2）师：给鸡妈妈的宝宝取名（小白鸡、小灰鸡、小黄鸡、小花鸡）。

2. 帮小鸡捉虫

（1）师：小鸡们肚子饿了，怎么办呢？小鸡最喜欢吃什么？（小虫）

（2）师：我们来帮鸡妈妈捉小虫送给鸡宝宝吧！每个人捉一条小虫，然后送给自己喜欢的鸡宝宝。

3. 喂鸡宝宝吃虫

（1）师：鸡妈妈准备了小虫子，请你帮忙喂小鸡。小鸡身上有几个点，就送几条小虫子。

（2）师：数一数，每只鸡宝宝可以吃到几条小虫？

（3）师：哪只鸡宝宝吃得最多？哪只吃得最少？谁和谁吃得一样多？

（4）小结：我们用点数的方法知道了哪只鸡宝宝吃得最多，哪只鸡宝宝吃得最少。

五、活动反思

采用可爱的小鸡为教具，令小班幼儿十分喜欢，有效地激发了幼儿的兴趣。延伸活动是让孩子们在草地上玩捉虫游戏，大大地激发了幼儿亲近自然、爱护动物的美好情感。

秋天的色彩（亲自然）

上海市浦东新区恒宇幼儿园　李敏

一、设计意图

秋天是丰收的季节，是花草树木变化的时节。幼儿周围都悄悄地发生着美妙的变化，他们会发现，树叶变黄了，草儿变黄了，属于秋天的花儿也开了，连果实也悄悄成熟了，一片丰收景象。

二、活动目标

1. 幼儿学习朗诵散文诗《秋天的色彩》，理解、感知散文所表达的秋天的多姿多彩。

2. 幼儿尝试根据散文诗的句式结构仿编单句散文诗。

三、活动准备

课件《秋天的色彩》；秋天的树木、花朵、水果等的图片；彩笔及图画纸。

四、活动过程

1. 播放课件

（1）讨论秋天的景色特征。

（2）引导幼儿说说是否喜欢秋天并说明原因。

2. 学习朗诵散文诗《秋天的色彩》

（1）散文诗欣赏。

（2）请幼儿说说散文诗里有谁？它们说了什么？

（3）为什么小草说秋天是黄色的？大地为什么说秋天是多彩的？

（4）教师与幼儿一起有感情地朗诵散文诗，重点学说小草、枫叶、菊花、松树、大地的话。

（5）幼儿练习朗诵诗歌，并与同伴分角色合作朗诵散文诗。

3. 根据散文诗的句式结构，仿编单句散文诗

（1）教师示范：茄子悄悄地告诉我，"秋天是紫色的"。启发幼儿想象说出秋天还是什么颜色的？是谁说的？

（2）引导幼儿把自己想的内容编入散文诗中，并一起朗诵新编的散文诗。

五、活动延伸

1. 引导幼儿用绘画等不同的形式继续创编散文诗，并与大家进行交流。

2. 引导幼儿进行美术创作，给秋天涂上颜色。

六、活动反思

秋天的一切变化，幼儿都十分感兴趣。本活动通过散文诗让幼儿发现自然界中色彩的变化，欣赏秋天的美，激发幼儿热爱大自然的情感。

小黄鸡和小黑鸡（有礼貌）

上海市浦东新区恒宇幼儿园　陆剑

一、设计意图

　　小班幼儿刚从温馨的家庭中走出来，踏入幼儿园大门，他们需要逐步适应集体生活，需要学习与人交往。因而，在小班初期，有意识地帮助幼儿学习与人交往，学习和同伴友好相处是非常重要的。《小黄鸡和小黑鸡》是一个讲述同伴间相互友爱，充满浓浓友情的故事，很适合小班幼儿阅读，有助于幼儿学习如何与同伴交往，学习关心、关爱他人。同时，该故事画面生动形象，图片表现力强，有利于幼儿观察画面，积累阅读经验，提高阅读能力。

二、活动目标

　　1. 幼儿观察小鸡动态，乐意学说角色间的对话。
　　2. 幼儿感受小鸡间友好相处、关爱的情感。

三、活动准备

　　PPT；人手一本图画书《小黄鸡和小黑鸡》；情境表演道具：雨伞、栅栏、鞋带、胸饰及雷雨声录音。

四、活动过程

1. 出示图画书《小黄鸡和小黑鸡》，引发幼儿的兴趣

　　（1）师：封面上有谁？你觉得它们是好朋友吗？说说理由。
　　（2）小结：小黄鸡和小黑鸡是一对好朋友。

2. 幼儿自主阅读图画书

（1）师：小黄鸡和小黑鸡之间发生了哪些友爱的事情呢？

（2）阅读后交流：你看到了哪些友爱的事情？（幼儿任意说出自己感兴趣的画面。）

3. 理解重点画面，学习角色的对话

（1）好玩的捉迷藏

师：你们怎么知道它俩在玩捉迷藏的游戏呢？原来，你们是从小黄鸡用布蒙住眼睛，小黑鸡躲在草丛里，看出来它俩是在玩捉迷藏的游戏。

师：它俩是谁在找，谁在躲呢？（小黄鸡说："我来找，你来躲。"）

师：小黄鸡蒙着眼睛找不到躲着的小黑鸡，就叫了起来："小黑鸡，你在哪里？小黑鸡，你在哪里？"（教师边说边模拟寻找时的动作。）

师幼一起玩捉迷藏的游戏，学说："好朋友一起玩，真开心！"

（2）关爱同伴

师：它俩正玩得高兴时，怎么啦？打雷了，下雨了，它俩赶快躲到叶子下避雨。咦，小黄鸡为什么哭了？

师：小黄鸡听到轰隆隆的打雷声，害怕得哭了起来，它会怎么说呢？（它说："打雷了，我害怕！"）

师：小黑鸡会怎么安慰小黄鸡呢？（学说："别怕，别怕，我会保护你！我们两个在一起。"）

请男孩演小黑鸡，女孩演小黄鸡，学说角色对话。

小结：小黑鸡真友爱，它勇敢地保护着小黄鸡；小黄鸡也会说："谢谢你。"

（3）分享食物

师：它俩发现草丛里有条大虫！它俩会客气地说什么？（学说："你吃、你吃，大家一起吃。"）

师：当小黑鸡邀请小黄鸡一起吃虫子时，它俩发现这是虫子吗？是什么？小黑鸡会怎么说呢？（学说："对不起，是我看错了。"）

男孩演小黄鸡，女孩演小黑鸡，学说角色对话。

小结：小黄鸡和小黑鸡一起捉虫，一起游戏，一起避雨，有好吃的东西，大家一起分享，真是一对相亲相爱的好朋友。

4. 情境表演

（1）师：你们喜欢小黄鸡和小黑鸡吗？为什么？我们请它俩来做客好吗？一起说："欢迎小黄鸡，欢迎小黑鸡。"（扮演者出场，自我介绍及打招呼。）

（2）情境表演，阅读图书后，尝试表演。

五、活动反思

通过教学，孩子们感受到有伙伴是件幸福的事。在和小伙伴相处的过程中，要团结友爱，并会用"请""谢谢""对不起"等文明用语，做有礼貌的好孩子。

谁敢嘲笑狮子（有礼貌）

上海市浦东新区恒宇幼儿园　蔡伊舟

一、设计意图

《谁敢嘲笑狮子》讲述了百兽之王狮子从展示自己的拿手好戏中渐渐迷失自我，到生气得大吼一声找回自信的经历。从故事中，孩子们可以了解到，每个人都有自己的长处，不要用自己的优势去比较别人的劣势，以此来嘲笑别人，这是相当不礼貌的行为。当我们知道有自己擅长和不擅长的领域后，应该学会取长补短。

二、活动目标

1. 幼儿观察并理解画面，知道动物最厉害的本领。
2. 幼儿懂得每个人各有长处和短处，不嘲笑他人短处，并正视自己的短处。

三、活动准备

PPT。

四、活动过程

1. 观察导入

（1）师：瞧，这是今天故事的主角，猜猜它是谁？

（2）小结：这是一头威风凛凛的狮子爸爸，今天我们要讲的故事就和它有关，名字叫《谁敢嘲笑狮子》。

2. 欣赏理解

（1）讲述开始部分。

师：小动物们在干什么？（动物们有的在跑步，有的在爬树，还有的在树上唱歌……谁都没闲着，只有大狮子坐着不动，它在想什么呢？）

师：大狮子在想：我是百兽之王，我是最厉害的。你们觉得狮子厉害吗？厉害在哪儿？

（2）讲述发展部分。

师：大狮子觉得自己哪些地方很厉害？

师：狮子究竟是不是百兽之王？它到底厉害在什么地方？

师：大家都在嘲笑大狮子。如果你是大狮子，你的心情是怎么样的？

（3）讲述故事的高潮和尾声。

师：大狮子气得大声吼叫，它的吼声像打雷一样，越传越远，越传越响，整片丛林都被震动了。原来，大声吼叫才是狮子最厉害的本领。听到它的吼叫声，猎豹、猴子、蛇、大象都安静下来。大狮子终于得意地笑了，看谁还敢嘲笑狮子！

师：大狮子最棒的本领是它响亮的吼叫声，那么你们最棒的地方又是什么呢？

小结：每个人都有自己的长处，不要为自己不如别人而难过，也不能因为别人不如自己而嘲笑别人，要相信自己，也要尊重别人，我们都是最棒的。

五、活动反思

幼儿因为年龄特点，非常容易因为一些小事而出现嘲笑他人的行为，他们并不明白这样的行为对别人来说是一种伤害。通过这个活动让幼儿产生共情，感受到被嘲笑的滋味不好受；同时也能够更好地认识自己，不因比不上别人而自卑，也不要为超过别人而自傲，建立自信的同时，也能够尊重他人，做一个懂礼貌的好孩子。

鲜花送老师（有礼貌）

上海市浦东新区恒宇幼儿园　蔡依婷

一、设计意图

　　大班幼儿对于表达表现已经有了较强的意识，因而，教师可以有意识地引导幼儿大胆表现出自己的情感。9月10日是教师节，我合理利用了生活中常见的材料，让幼儿发挥想象力将其变废为宝。通过制作鲜花送给老师，引导幼儿大胆表达出对老师的情感。

二、活动目标

　　1. 幼儿区分纸张对折后的对折线与边线，初步把握对折剪纸的简单方法。

　　2. 幼儿尝试自制鲜花，体验师生间的美好情感。

三、活动准备

　　PPT，长方形彩色纸，吸管，剪刀，彩色不干胶，纸带，报纸，透明包装纸若干。

四、活动过程

1. 说说教师节，激发幼儿的兴趣

　　（1）师：哪天是教师节？

　　教师播放课件，请幼儿参与课件游戏，找出"教师节"。

　　（2）师：9月10日是教师节，是所有老师的节日，小朋友可以为老师做些什么呢？

教师播放课件，请幼儿欣赏图片并讨论小朋友都在做什么？

（3）师：教师节马上就要到了，我们来亲手为老师制作一束花，好吗？

2. 出示范例和制作材料，请幼儿观察

（1）教师出示事先制作好的鲜花，引发幼儿的兴趣。

（2）介绍制作材料：长方形彩色纸，吸管，剪刀，彩色不干胶，纸带，透明包装纸。

3. 学习制作自制鲜花，通过课件帮助幼儿梳理制作过程

（1）制作步骤一：沿长方形纸长边对折，对折处是对折线，长方形的长边是边线。

（2）制作步骤二：在边线处剪出数条直线，成丝状。

（3）制作步骤三：将纸绕着吸管卷起来，并用不干胶粘贴固定。

（4）制作步骤四：用手轻轻按压花瓣，一朵漂亮的花出现了。

（5）制作步骤五：用同样的方法制作不同颜色的花朵，将这些花朵包上透明的包装纸，围上纸带，这样一束漂亮的纸花就完成了。

（6）请幼儿整体观看制作的过程。

4. 幼儿动手制作，教师指导

（1）教师分发给幼儿制作的材料。

（2）播放课件中的制作步骤，请幼儿参照图片和视频动手自制，教师注意对个别幼儿进行指导，帮助其完成作品。

（3）鼓励幼儿每人制作数朵花，可以请同组的小朋友将花集合成一束。

5. 欣赏交流

（1）幼儿欣赏交流各自的作品，数一数每一束花有几朵花。

（2）幼儿讨论判断对折线与边线的好方法。

（3）鼓励幼儿课后将花束送给老师。

五、活动延伸

1. 组织幼儿将自制的鲜花送给喜爱的老师，鼓励幼儿大胆地表达。

2. 在活动区，请幼儿欣赏多种多样的手工花朵制作步骤，感受手工制作的艺术美。

六、活动反思

本活动中，我选择的吸管、纸袋、报纸、彩色包装纸等材料都贴近生活，是幼儿在生活中随处可见的。通过此活动让幼儿知道，原来生活中看似没有用的物品通过善于发现美的眼睛和创造，都可以将其变废为宝。

通过制作鲜花并将鲜花送给老师，可以让幼儿体验师生间的美好情感，进而延伸到对家人、对同伴的感恩之情。

饭菜香喷喷（能节俭）

上海市浦东新区恒宇幼儿园　王晓敏

一、设计意图

节俭是指尽可能少而合理地获取与消耗资源。针对孩子挑食和浪费粮食的行为，我设计了这一堂集体教学活动。

二、活动目标

1. 幼儿知道饭菜搭配着吃，一口一口地吃。
2. 幼儿养成不挑食的好习惯。

三、活动准备

幼儿吃饭视频、图片；青椒煎蛋。

四、活动过程

1. 谈话

（1）跟伙伴们说说幼儿园最开心的事情。

（2）观看幼儿吃饭视频：吃饭真开心。

小结：在幼儿园里，和伙伴们一起玩，一起学本领，一起睡觉，一起吃饭，只要能在一起，就是很开心的事情。

2. 我会吃饭

（1）说说自己是怎么吃饭的（可布置场景）。

（2）观看幼儿吃饭视频：他有哪些地方是棒棒的，我们给他贴上"大拇指"。

小结：一口饭一口菜，慢慢嚼，轻轻咽，饭碗干净了，肚子吃饱了。

3. 我要尝一口

（1）出示幼儿吃饭图片：遇到不爱吃的菜怎么办？

（2）每样菜都有营养，如果有自己不爱吃的菜，我们可以尝一口。

（3）我要尝一口青椒煎蛋。

小结：努力尝一口，味道也很好，这样才是不浪费粮食的好孩子。

五、活动反思

小班幼儿非常喜欢贴纸，活动中吃完食物的幼儿能得到了大拇指贴纸，这对幼儿是一种鼓励。活动结束后，可以向家长收集每个幼儿不爱吃的食物，制作一面卡通版的生活墙，鼓励幼儿愿意从"尝一口"到"尝两口"……这不仅能让幼儿获取均衡营养，也能让幼儿养成不浪费粮食的良好行为习惯。

旧衣服的旅程（能节俭）

上海市浦东新区恒宇幼儿园　张琳凤

一、设计意图

自由活动的时候，常常会有孩子告诉我："这是我的新衣服。"父母的爱似乎将孩子与节俭、环保的距离越拉越大，他们心中是否会有旧衣循环再利用的意识呢？于是，本次活动希望孩子能了解旧衣服再利用的方法，体验旧衣可以帮助别人的快乐。

二、活动目标

1. 幼儿发现旧衣的用处，体验旧衣服帮助别人的快乐。
2. 幼儿愿意参与捐助活动，有节俭意识。

三、活动准备

PPT，演示卡片，自制图书，旧衣再制品，旧衣服，衣架，包装袋，衣物回收箱。

四、活动过程

1. 聊聊穿旧衣的感受

师：你穿过旧衣服吗？穿上旧衣服，感觉怎么样？

2. 观察发现，了解旧衣的用处

（1）师：请你们去桌子和架子上看一看、找一找、摸一摸，想想旧衣服有什么用？

小结：旧衣服可以变废为宝，变成一些生活用品，变成精美的布贴画；旧衣服也能分享，送给亲朋好友；还可以投到衣物回收箱里，捐给有需要的人。

（2）师：回收箱里的旧衣服要怎样才能变成合格的爱心捐助品？

小结：旧衣经过整理筛选、清洗消毒、熨烫翻新、装袋打包，最后装车运送到贫困孩子的手里。

（3）师：旧衣服变成爱心捐助品的时候，你们心里会想些什么？

3. 参与旧衣捐助

（1）师：收到衣服后，他们感觉怎么样？

小结：是大家的旧衣服让他们收获温暖；是爱让他们笑得那么甜，那么真。

（2）师：把你们的旧衣服叠整齐装进包装袋里，送到我们幼儿园的衣物回收箱吧。

五、活动反思

在一次次的试教及分析中可以发现，幼儿能够很好地探索旧衣回收的过程，但在情感部分存在一些盲点与脱节。本次活动通过增加一些勤俭节约的体验和感受，加强了幼儿对勤俭节约的认同感。

怕浪费婆婆（能节俭）

上海市浦东新区恒宇幼儿园　张琳凤

一、设计意图

今天的物质生活比以前丰富了许多，经常可以看到孩子不懂节俭，喜欢浪费的现象。所以，在主题"好吃的食物"背景下，我设计了语言活动"怕浪费婆婆"，旨在通过形象生动的故事情节，引导幼儿懂得不浪费是一种好习惯。

二、活动目标

1. 幼儿愿意讲述怕浪费婆婆的趣事，体验不浪费的乐趣。
2. 幼儿懂得不浪费是一种好习惯，有低碳节约的意识。

三、活动准备

PPT，橘子皮。

四、活动过程

1. 故事导入

（1）师：今天，老师给大家请来了一位婆婆，这个婆婆的名字很特别，她姓"怕"，害怕的"怕"，那你们知道她最怕什么吗？

（2）师：婆婆最怕浪费，所以我们叫她"怕浪费婆婆"。

（3）师：怕浪费婆婆和豆豆住在一起，他们会发生什么故事呢？我们一起去看看。

2. 理解故事

（1）讨论故事，理解节约用电。

师：现在什么时候了？豆豆在干什么呀？

师：婆婆觉得豆豆很浪费，为什么？婆婆现在心里在想什么？

小结：睡觉关灯不费电，养成节约好习惯。

（2）分组观察图片，共同讨论。

师：豆豆又做了什么浪费的事情呢？怕浪费婆婆是怎么对豆豆说的呢？

小结：爱护树木不费纸，不费粮食不费水，养成节约好习惯。

（3）理解故事，体验变废为宝。

师：婆婆有没有浪费铅笔头？

师：婆婆用了什么办法做到不浪费呢？

小结：变废为宝真是一个不浪费的好习惯。

师：豆豆会用彩色铅笔头画什么呢？

师：婆婆又想要变废为宝了，橘子皮可以用来干什么呢？

小结：生活中许多东西都可以变废为宝，只要我们有一双会发现的眼睛，可变废为宝的东西无处不在。

3. 欣赏故事

（1）回忆故事内容。

师：婆婆教会了豆豆很多不浪费的本领，你们还记得有哪些吗？

小结：节约用电、节约用纸、节约粮食、节约用水、变废为宝都是不浪费的好习惯。

（2）完整欣赏故事《怕浪费婆婆》。

五、活动反思

在贴近幼儿生活的基础上，通过绘本《怕浪费婆婆》诙谐幽默的形式，让幼儿迅速地发现生活中的浪费行为。在活动中，幼儿真实地体验了橘子皮的妙用，感受到节俭给生活带来的便利。

让路给小鸭子（守规则）

上海市浦东新区恒宇幼儿园　陆剑

一、设计意图

　　幼儿期是儿童规则意识萌发和规则行为初步形成的重要时期。通过绘本《让路给小鸭子》里面所描绘的鸭妈妈和小鸭子在警察的指挥帮助下顺利通过路口的故事，教育幼儿要遵守规则，养成良好的规则意识。

二、活动目标

　　1. 幼儿理解故事情节，能大胆猜一猜、说一说、演一演。

　　2. 幼儿愿意给伙伴让路，初步体验守规则。

三、活动准备

　　《让路给小鸭子》图画书、课件、头饰等。

四、活动过程

1. 小鸭来了

师：谁来了？ 你们喜欢鸭子吗？ 在哪里见到过？

小结：有黄黄绒毛的小鸭真可爱，一起来听一个鸭妈妈和小鸭的故事吧。

2. 小鸭的故事

（1）师：封面上有什么？ 猜猜有可能发生什么事？

（2）理解故事。

师：马拉太太教给它的八只小鸭学会哪些事情？

师：它们在马路上遇到了怎样的危险？

师：警察是怎么帮助它们过马路的？

小结：给小鸭让路，保护了小鸭的安全，小鸭们安全过了马路。

3. 表演：给小鸭让路

师幼共同表演，设置场景，给"小鸭"让路。

小结：每个宝宝都会给伙伴们让路，大家都是守规则的小朋友。

五、活动反思

通过本次活动，幼儿明白了遵守规则能给我们的生活带来益处，懂得了人人遵守交通规则有利于道路畅通。

小熊乘飞机（守规则）

上海市浦东新区恒宇幼儿园　李磊

一、设计意图

通过观察图片，让幼儿了解《小熊乘飞机》故事的内容，以及乘飞机的行为礼仪和注意事项。在感兴趣的活动中，孩子们的规则意识逐渐形成。

二、活动目标

1. 了解乘飞机的过程，理解图画信息所表达的意思，大胆表达自己的想法。
2. 知道乘飞机的行为礼仪，愿意做懂礼貌的好孩子。

三、活动准备

故事《小熊乘飞机》PPT、乘飞机行为礼仪图片、录音。

四、活动过程

1. 经验回顾

（1）你坐过飞机吗？坐飞机有什么感觉？

（2）想一想进入飞机场后，人们会做些什么？怎样才能顺利登上飞机呢？

小结：飞机是空中交通工具，它帮助人们快速到达很远的地方，但是要乘飞机必须去机场，所以很多大城市都造了机场，方便人们出行。

（3）小熊要去坐飞机看他的爸爸啦，想一想进入机场后，要做哪些准备？

小结：小熊去机场坐飞机，先要把行李交给服务人员，再把票换成登机卡，最后接受安检登机。

2. 观察图片，了解飞机上的行为礼仪

（1）小熊登机了，这是它第一次乘飞机，有些担心，我们来听听它有什么担心的事。

（2）我们来帮帮小熊，告诉它登机后需要注意些什么？

（3）分组讨论：4个小朋友一组，找一找图片上哪些是飞机上需要遵守的规定，找到后请将其贴在板上。

（4）分组交流

① 礼貌："请""谢谢""你帮我一下好吗？"

② 尊重：保持安静；戴耳机；对号入座；物归原处。

③ 安全：系安全带；关电子设备；禁止吸烟。

④ 熊妈妈把飞机票换成了什么？山羊大叔把小熊妈妈的行李放到了哪里？

小结：飞机上的礼貌用语和礼貌行为真不少，记住了，学会了，我们就是懂礼貌的文明乘客。

3. 活动延伸

在乘坐飞机的时候，还有哪些礼貌用语和文明行为呢？我们再去找一找、学一学，争取每个小朋友都能成为懂礼貌、守规则的文明小乘客。

五、活动反思

活动中，教师用思维导图的方式帮助孩子梳理总结经验，进而让他们知道守规则的重要性。活动的价值就在于教师把各种规则有效地渗透在活动中，让幼儿在活动中学习并体验到各种规则，从而达到主动遵守规则的目的。

让谁先吃好呢（守规则）

上海市浦东新区恒宇幼儿园　孙佳燕

一、设计意图

　　《让谁先吃好呢？》是一个幽默生动、结尾出人意料的绘本故事，将排序和规则完美地蕴含在美妙的故事里。幼儿在活动中通过表达、探索、操作，不仅学到了数学知识，更体验了规则之美。

二、活动目标

　　1. 幼儿欣赏绘本故事，学习按动物的某一特征进行顺向排序。

　　2. 幼儿尝试排序的可逆性，感受毛毛虫的聪明、自信。

三、活动准备

　　PPT、幼儿人手一份动物操作材料、教师示范材料。

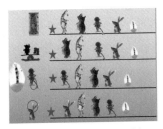

图 3-1　动物操作材料

四、活动过程

1. 进入故事情景——了解问题

　　（1）师：瞧，这是什么？（桃子）

（2）师：有哪些动物想吃这只大桃子？

小结：长颈鹿、犀牛、猴子、毛毛虫和兔子都想吃这只大桃子，可是让谁先吃好呢？为了解决这个问题，森林里的动物一直在争吵。最后，它们想进行一场比身体部位的比赛，谁得第一名，就先吃这只桃子，第二名就第二个吃，最后一名就最后吃。

2. 欣赏故事绘本——尝试按动物身体上的不同特征排序

（1）动物比高矮。

师：猜猜看，长颈鹿和动物们比什么就可以最先吃到桃子？

小结：长颈鹿和动物们比高矮，从高到矮排，它是第一名，可以第一个吃桃子。

（2）动物尾巴、耳朵比长短。

师：兔子和猴子想先吃到桃子，可以和大家比什么呢？

小结：兔子可以比耳朵的长短，猴子可以比尾巴的长短。

幼儿操作：提示幼儿选一个动物操作材料（兔子或猴子），排序比尾巴和耳朵的长短。

小结：按照尾巴、耳朵的长短进行排序，兔子和猴子都能第一个吃到桃子。

（3）动物比轻重。

师：犀牛也想先吃桃子，它会和大家比什么？

师：要知道动物朋友有多重，我们就要给它们称一称（出示跷跷板这张图）。

师：跷跷板是平平的，你们知道是什么意思吗？犀牛有多重呢？（犀牛的体重相当于六块石头的重量）

师：看看长颈鹿、猴子、兔子分别有多重？

师：毛毛虫有多重呢？跷跷板是斜的，是什么意思？（毛毛虫比一块石头还要轻）

师：犀牛想先吃到桃子，怎么排才能让犀牛排第一名？请你们帮犀牛排一排（从重到轻排）。

五、活动反思

通过绘本和生活实践，使规则内化为习惯，贯穿于幼儿一日生活的方方面面。

一起收玩具（会合作）

上海市浦东新区恒宇幼儿园　李佳

一、设计意图

合作就是相互配合，共同把事情做好。我班幼儿收拾玩具的时候，摆放比较凌乱，物归原处的意识比较薄弱，不能很好地进行分类整理。于是，我设计了这节集体教学活动，希望可以帮助幼儿学会整理玩具，从中培养幼儿初步的合作意识，体验大家一起做事的快乐。

二、活动目标

1. 幼儿知道玩具玩好了要放回原处，初步学习按照标识收拾玩具。
2. 幼儿体验和同伴一起收玩具的愉悦感受。

三、活动准备

贴有标识的玩具柜，各类玩具，娃娃。

四、活动过程

1. 娃娃哭了

（1）将玩具娃娃藏在教室的某个角落，带领幼儿寻找发出哭声的玩具娃娃。

（2）师：娃娃为什么哭？它的家在哪里？如果我们自己找不到家了，会怎么样？

小结：玩具娃娃因为玩具柜太乱了，找不到自己的家，心里又着急又难过，需要我们的帮助。

2. 娃娃笑了

（1）师：娃娃的家在哪儿?

（2）向幼儿介绍玩具柜，引导幼儿观察玩具柜中凌乱摆放的玩具并进行讨论。

（3）师：玩具柜中的玩具很乱怎么办? 怎样才能把玩具送回它自己的家?

小结：玩具柜上的标识告诉我们玩具的家在哪里，方便我们很快把玩具送回家。

3. 送玩具回家

（1）师：这些玩具都还没有找到自己的家，谁愿意来帮助它们?

（2）幼儿共同将玩具送回家。

（3）幼儿欣赏整齐干净的玩具柜。

五、活动反思

在帮助玩具找家的情境中，孩子参与度很高，都希望能快点找到玩具的家，大部分的孩子可以根据玩具的标识找到玩具的家。整节集体活动让孩子有了物归原处的规则意识，大家共同把玩具送到玩具筐里，再将玩具筐送回玩具柜，获得了极大的满足感和成就感。同时，我们建议家长在家里和小朋友一起收玩具，体验合作的快乐。

放烟花（会合作）

上海市浦东新区恒宇幼儿园　张昕悦

一、设计意图

《幼儿园教育指导纲要（试行）》指出，"（幼儿要）在生活、学习、游戏中，形成初步的合作意识"。因此，从小培养幼儿的合作意识和合作能力是十分重要的，是当前教育的一个重要目标。在活动中，通过欣赏放烟花的场景，引导孩子知道烟花的造型，并尝试着和同伴一起在巨大的纸上用线拖画的形式将烟花的绚丽表现出来。

二、活动目标

1. 幼儿用棉绳蘸取不同颜色的颜料，通过拖拽来表现烟花，激发创作的兴趣。

2. 幼儿根据画面展开丰富的想象，大胆创作。

三、活动准备

各色颜料、纸芯筒、桌布、棉绳、棉签棒、抹布和夜空背景图。

四、活动过程

1. 活动导入

（1）师：这张画画的纸和平时用的纸有什么不一样的地方？

（2）师：这张深蓝色的纸可能是什么？你想到了什么？

（3）师：如果是夜空的话，夜空里可能会出现什么？

2. 幼儿尝试创作

（1）师：请毛线宝宝来帮忙，让它在颜料盘里蘸一下，请它来到我们美丽的夜空中画一画。

（2）请一名幼儿上台进行尝试。

（3）换一个颜色，再请幼儿进行尝试。

（4）师：画了那么多线条，现在的夜空变得丰富起来了，你现在又想到了什么？

3. 集体操作

（1）师：想必你们心中已经有了属于自己的美丽的夜空了，请你们去放烟花吧。

（2）播放安静的音乐，幼儿自由创作，教师巡回指导。

（提醒幼儿尝试换色，在换颜色时注意材料工具的摆放，如果手弄脏了可以用抹布擦擦手。）

4. 欣赏与联想

（1）集体展示幼儿作品

师：你们的烟花都很美丽，你最喜欢哪一幅烟花，为什么？

（让幼儿大胆地说出自己的想法，并尝试欣赏别人作品的美，重点关注色彩变化和画面布局，进一步培养幼儿的想象力和欣赏力。）

（2）师：在你们的帮助下，夜空多了很多美丽的颜色，有些好听的词语可以形容它，你们知道是什么吗？（五颜六色、五彩缤纷。）

五、活动反思

本次活动希望通过共同创作大幅作品，让孩子初步感受合作的乐趣。孩子们参与的积极性特别高，用印、画、拉、拍等自己喜欢的方式，来表现自己眼中的烟花。在共同想办法解决问题的过程中，有效促进了幼儿合作、分享能力的发展。

会变的天气：雨从哪里来（会合作）

上海市浦东新区恒宇幼儿园　佘宁

一、设计意图

本次活动是由语言活动"小水滴旅行记"演变而来的。幼儿对于雨的形成很感兴趣，追随着幼儿的好奇心，让幼儿以合作的方式，在探索和发现的过程中解开雨滴形成的奥秘。

二、活动目标

1. 幼儿了解雨形成的原理，知道自然界万物生长都少不了水的滋养。
2. 幼儿能发现问题，对水的各种形态变化感兴趣。

三、活动准备

PPT，酒精灯，透明玻璃杯和小玻璃板若干，热水，各种下雨天景象的图片，"小雨滴旅行记"音频和图片，故事书。

四、活动过程

1. 探索

（1）幼儿实验操作，探索雨的形成。

（2）幼儿猜想：水究竟是怎么变成雨的。

2. 集体观察实验

教师在杯中加入少量水，给水加热，让幼儿观察在加热过程中有什么现象（水蒸气）。

师：你还在哪里看见过水蒸发的现象？

3. 幼儿分组观察实验

（1）热水倒进杯子，并用玻璃板盖住杯口，看一看玻璃板上有什么变化，思考玻璃板上的水珠是从哪里来的。

（2）幼儿往各自的小玻璃板上呵气，观察它的变化，过一会儿再看一看玻璃板上的小水滴为什么会越来越少？

（3）幼儿思考：水蒸气到哪里去了？推测雨的形成过程。

（4）观看视频《雨的形成》。

4. 谈论雨中出门的感受

（1）幼儿说一说各自喜欢或不喜欢雨天的理由。

（2）幼儿思考：雨水会给我们带来哪些好处。

（3）教师播放 PPT，给幼儿展示雨水给自然界带来的好处。

小结：雨天虽然会给我们的出行带来不便，但小树在雨水中长大，种子在雨水中发芽，雨水使空气清新、马路干净……自然界万物都少不了水的滋养。

五、活动反思

合作能更好地推动幼儿获得新经验。在实验操作中，我观察到，很多幼儿会用适当的方式去交流，如商讨，发表意见，提出疑问。在实验过程中，幼儿知道应用什么方式表达自己的想法，怎样驳斥同伴的观点又不会引起冲突。教师应成为幼儿之间积极沟通的枢纽站，适时地引导幼儿沟通与交流，培养孩子的合作能力。

水果皮里的秘密（爱探究）

上海市浦东新区恒宇幼儿园　王倩

一、设计意图

生活就是教育，自然界里的一切都可以成为探究的内容。一天中午散步的时候，我们在操场上发现了一个橘子，在剥开给孩子看的过程中，幼儿发现有水喷出，有的幼儿问道："是橘子破了吗？"……于是，就有了这次活动。

二、活动目标

1. 幼儿运用各种方式探索水果皮内是否含有水分。
2. 幼儿愿意参与到实验中，体验探索水果皮中是否含有水分的乐趣。

三、活动准备

1. 经验准备：幼儿认识各种水果皮。
2. 材料准备：各种水果皮，小木棍，小锤子，木头小刀，宣纸，反穿衣。

四、活动过程

1. 看一看，观察水果皮

（1）观察水果皮。

师：你们知道这是什么吗？

请每个幼儿上来看一看、闻一闻、摸一摸，猜猜这是什么水果的水果皮。

（2）说说水果皮的特征。

师：这是什么水果的水果皮？为什么？

小结：每种水果都有水果皮，一般来说，苹果的皮是红色的；香蕉的皮是黄色的；葡萄的皮是紫色的。

2. 猜一猜，水果皮里有水吗

师：你觉得水果皮里会有水吗？为什么？

小结：有的小朋友认为有，有的小朋友认为没有，那让我们一起来做个实验吧。

3. 试一试用工具敲敲、压压水果皮

（1）教师介绍实验工具以及实验要求。

（2）师：你们认识这些工具吗？知道这些工具是怎么用的吗？

小结：小木棍可以用来滚一滚、压一压；木头小刀可以用来切一切；小锤子可以用来敲一敲。

（3）实验要求：拿一种水果皮放在白色的纸上，选择一种工具敲一敲、滚一滚，看看水果皮里有没有水；小工具和水果皮用完以后，请将它们送回家。

（4）幼儿操作，教师巡回指导。

（5）交流分享：谁愿意来说说你试了哪种水果皮？用了哪种工具？它里面有水吗？你是怎么知道的？

小结：我们现在知道，每种水果都有水果皮，而且水果皮里都有水，它们是湿垃圾。

五、活动延伸

水果还有哪些部分也有水呢？下次我们再来做做实验，玩一玩。

六、活动反思

爱探究是幼儿成长过程中最可贵的素养，教师应积极激发幼儿的探索兴趣，从平凡的生活中不断去发现、找寻、支持、理解、保护孩子的探究能力。

鸡蛋的秘密（爱探究）

上海市浦东新区恒宇幼儿园　佘宁

一、设计意图

该活动来源于生活，又服务于生活。"鸡蛋的秘密"主题的核心经验是：感知辨别食物的生熟变化。利用生活中熟悉的鸡蛋，让幼儿探究生鸡蛋与熟鸡蛋的异同点，在主动探索中不断培养幼儿的探究精神。

二、活动目标

1. 通过操作，幼儿知道鸡蛋的构造和特征，能区分生鸡蛋和熟鸡蛋。
2. 幼儿与同伴分享自己的已有经验及发现，产生进一步探索鸡蛋的兴趣。

三、活动准备

小布袋一个，生鸡蛋和熟鸡蛋若干，黑板，盘子，透明碗，手电筒，记录表，PPT。

四、活动过程

1. 幼儿玩摸鸡蛋游戏，感受鸡蛋的特征

（1）教师引导幼儿摸一摸袋子里的鸡蛋，感受鸡蛋的特征。

（2）鸡蛋里面有什么？（幼儿根据自己的已有经验进行讲述，如鸡蛋里有蛋黄和蛋白。）

（3）幼儿猜测生鸡蛋和熟鸡蛋。

2. 幼儿动手操作，区分生鸡蛋和熟鸡蛋

（1）教师介绍实验要求以及记录表。

（2）幼儿操作，教师巡视。

（3）教师总结实验结果，和幼儿共同验证并取得共识。

3. 教师打开鸡蛋，请幼儿仔细观察

（1）教师分别打开生鸡蛋和熟鸡蛋。

（2）请个别幼儿操作，用手拿一拿，并说一说自己的感受。

（3）观看蒸蛋的视频，感受蛋清熟了变成蛋白的过程。

小结：鸡蛋可以分为三层，熟鸡蛋有蛋壳、蛋白和蛋黄；生鸡蛋有蛋壳、蛋清和蛋黄。生鸡蛋的蛋清和蛋黄是会流动的，蛋清煮熟了就变成了蛋白。生鸡蛋和熟鸡蛋即使不敲开，也可以通过一些办法进行区分。

五、活动反思

本次活动的亮点在于幼儿自主探究的环节。在探究中，幼儿观察、提问、设想、动手操作、表达、交流，这些都是幼儿发展中的关键经验。

想牵手的影子（爱探究）

上海市浦东新区恒宇幼儿园　佘宁

一、设计意图

影子与我们形影不离，通过活动，培养幼儿始终持有一颗好奇的心，去不断探索发现世界的奥秘。针对幼儿的兴趣和经验，我设计了这一活动，通过合作性游戏的方式让幼儿去摆弄小纸人或光源的位置，感知和探究影子会随着光与物体的改变而随之改变。

二、活动目标

1. 通过实验，幼儿观察并发现纸人影子牵手的秘密。
2. 幼儿对影子的成像和变化感兴趣。

三、活动准备

高矮不同的纸人若干，纸板，手电筒，笔，记录表。

四、活动过程

1. 影子的形成

（1）猜谜语：有个好朋友，天天跟我走，有时走在前，有时走在后，我和他说话，就是不开口（影子）。

（2）师：你们都见过影子吗？什么情况下可以看到影子？

（3）出示展板，讨论如何让小纸人的影子出现在展板上。

小结：原来要让影子出现，必需要有光。

2. 影子的变化

师：在板上有一个大纸人，小纸人说："我的影子想和大纸人手牵手。"请你试一试。

（1）固定光源。

要求：两个人一组，不能移动光源，但可以移动小纸人，想办法让小纸人的影子和展板上的大纸人手牵手，实验结果记录在记录表上。

幼儿第一次实验，教师巡回指导。

师：你们成功了吗？用什么方法让小纸人的影子和大纸人手牵手？

小结：在光源固定的情况下，抬高小纸人或者拉近小纸人的办法都能让小纸人的影子和大纸人手牵手。

（2）不固定光源。

师：刚才我们成功地让小纸人的影子与大纸人牵手啦，这次我们换个方式再来试一下，看看有什么不一样的变化。

要求：两个人一组，不可以移动纸人，但可以移动手电筒光源，想办法让小纸人的影子和板上的大纸人手牵手，将实验结果记录在记录表上。

幼儿第二次实验，教师巡回指导（让幼儿从上、下、左、右不同的方向都照一照）。

（3）分享交流。

师：这次你有什么发现？你用什么方法让小纸人的影子牵到大纸人的手？

小结：原来通过调整光源的方向，我们也能让小纸人的影子牵到大纸人的手。

3. 延伸：影子戏法

师：视频里的小朋友没有动呀，她的影子怎么就变大变小了？

总结：跟我们刚刚的第二个实验结果一样，通过调整光源的方向，影子就会和我们变戏法。我们回家请爸爸妈妈帮帮忙，去玩一玩这个游戏吧。

五、活动反思

本次活动探究的内容具有一定的挑战性，让孩子带着问题去尝试、去发现，并结合了记录等多种方式，取得了很好的效果。

图书在版编目（CIP）数据

绿色伴行　健康成长：幼儿绿色生活方式行为素养
养成研究 / 赵燕主编. — 上海：上海教育出版社，2021.10
ISBN 978-7-5720-0608-1

Ⅰ. ①绿… Ⅱ. ①赵… Ⅲ. ①幼儿教育－研究 Ⅳ.
①G61

中国版本图书馆CIP数据核字(2021)第209625号

策　　划　时　莉
责任编辑　时　莉
装帧设计　赖玫伊

绿色伴行　健康成长：幼儿绿色生活方式行为素养养成研究
赵　燕　主编

出版发行　上海教育出版社有限公司
官　　网　www.seph.com.cn
地　　址　上海市永福路123号
邮　　编　200031
印　　刷　上海景条印刷有限公司
开　　本　700×1000　1/16　印张 16.25
字　　数　249 千字
版　　次　2021年10月第1版
印　　次　2021年10月第1次印刷
书　　号　ISBN 978-7-5720-0608-1/G·0455
定　　价　68.00 元